Days in the Countryside

在乡下，

什么时候该做什么事，

农民们心里清清楚楚，

这是他们永远的家园，

他们只需要安静地陪着土地、

陪着岁月就好了。

而我们呢？

在村庄

Days in the Countryside

吴莹 著

北京联合出版公司
Beijing United Publishing Co.,Ltd.

地是旧的，人也是旧的，但日子永远是新的。

一路上，
屋子一间间都房门紧闭，
有的院子里长满了油菜，
有的院子已经塌了。

日复一日年复一年，

一辈子都是这样，

他们关心庄稼的收成，

关心田里的麦子、地里的菜秧，

他们没有时间再去关心

这世界的巨浪什么时候会涌到自己的面前。

农民对这个世界的耐心和忍耐，

胜过所有的花开花落，

胜过一切植物的生长与衰败。

自从童年逝去后，
这是我第一次身处时间中
却真正地感受到时间，
但不同的是
童年时我以为
人生永远是这样的，
现在我明白
人生很少是这样的。

//

他们家在岸上没有地也没有房子，

放假就回船上，船就是他们的家。

//

这些垂暮的老人们，

用一种古老而传统的方式让夏舍继续在运作。

目录

风还在吹着大叶子杨，我们三个接着在南大围游荡，
从冬天游荡到春天，又从春天游荡到夏天，
一天又一天，这样的日子一天都不觉得多余。

夏舍方言（释义）

01. 恩——我
02. 尕——家
03. 好切——好吃
04. 苦钱——挣钱
05. 不丑——不错
06. 甚哩——什么
07. 戏阿里——孩子
08. 一个时候——一会儿
09. 男将——丈夫
10. 做生活——做事
11. 茄瓜——南瓜
12. 你噫吧——吃你的吧
13. 小量子——小桶
14. 搿掉——去世
15. 本历——农历
16. 水撬子——浇地的工具
17. 块块——到处
18. 祺花——鲑鱼
19. 吃不济——吃不完
20. 更个——今天
21. 好好——好吃的
22. 歪歪——蚌
23. 下晚——傍晚
24. 刺——杀
25. 莫几里——特别
26. 卡子——鱼笼
27. 猹鱼——黄鳝
28. 活鲜——蚯蚓
29. 鳅鱼——泥鳅
30. 涡——淹
31. 打缺子——水田里挖沟放水
32. 莫得命——要命
33. 大鸣——大鱼
34. 卷——骂

·01·

养鸡场场主 小耳朵

他咋咋呼呼地站在桥上，看着波光粼粼的水面，
搜寻着鸭子的身影。

因为这场疫情，我们一家三口居然在乡下爷爷奶奶家待了好几个月。

从成都回来时匆匆收拾了一些行李，床上还扔着小耳朵刚换下的衣服、我的睡衣、小耳朵的绘本，他盖的小毯子我都没来得及折好放起来。餐桌上还放着用透明玻璃罐装着的丁丁糖、客厅爬爬垫上小耳朵的玩具还四散着，生活阳台还晒着没干的衣服……

从四川到江苏再到江西再回成都，春运带着个连路都不会走的奶娃，四处奔波折腾，想到这些我眉头都要皱起来。为了减轻负担，随身带着的行李，只挑最必不可少的东西，最基本的换洗衣服、一双鞋、一本书，连水杯都觉得没必要被留在了家里。

按计划我们很快就会回成都。

“嘭”的一声，关上房门，成都的家就被我们锁了起来。

其实我只想在成都待着，过个和去年一样安静不折腾的年，心里一万个不愿意回爷爷奶奶家，为这事和姚工吵了好几次。爷爷奶奶家在苏北平原上，一个非常萧条的小村庄，连个商店都没有。每次来这儿都是冬天，从东北方刮来的海风，在一马平川的平原上疾驰，一见着人立马就黏着甩不脱，直吹得人头昏脑涨，连头发丝都在打战。

没有娱乐没有无线网没有随时可以用的24小时热水，上个厕所要跑到屋子外面，洗个澡冷得叫人想骂娘，空气干燥，饮食不合我的胃口，还有也许非常可怕的婆媳矛盾，毕竟我所在的妈妈群里，放眼望去都是剑拔弩张的婆媳关系，虽然我目前没有，但很可能是因为没有怎么相处过。

可还是来了。

第一周，我和小耳朵都不适应，两人纷纷感冒拉肚子身上长湿疹。冷风灌进胸膛，我一分钟都不想再待。

就在我满腹抱怨时，疫情突然发生了。

刚开始那几天，我们时时刻刻在商量在合计，是不是过了年立马就走。

虽然当时我内心非常想赶紧离开，但是一想到小耳朵还在感冒，他还不会戴儿童口罩，我便立马冷静下来，不行，离开并非明智之举，一路上风险太高。

那就留下来先看看吧。

这一看就是三个多月，直到这会儿我还坐在乡下的房间里，听着外面的鸟叫声。

昨天坐在院子里看着对面抽出新芽的大树和树上的鸟窝，想着为什么不把这段突如其来的乡下生活记录下来呢，在走之前就写一写吧。

当第一周过去后，我和小耳朵感冒和湿疹双双痊愈后，似乎开始水土服了起来。

小耳朵刚来时还不会走路，在房间里爬来爬去。看见爷爷奶奶家的鸡鸭鹅显然很惊慌失措，更不要提遇见村里的野猫。他白白嫩嫩谨慎自持，一看就是个城里娃。而我看着满院子的鸡屎、粘在小耳朵脚下的泥巴，也频频叹气，城里来的一般都这个做派。

爷爷奶奶对于我们的到来，当然是格外欢喜，成天杀鸡宰鹅，抱着宝贝孙子满村子转悠。“嗯呐嗯呐，这是恩（我）尕（家）大孙子。”

事情不知道是从什么时候起了变化，也许是没多久小耳朵学会了走路。

打会走路起，小耳朵就步伐稳健，方向清晰，直奔鸡窝。从此之后的这三个多月，他最爱的地方就是鸡窝和鸭圈，每天清晨六点多一睁开眼，第一件事就是坐起来指着窗户，嘴里不停地“鸭鸭鸭鸭”。窗外是一条小河，鸭子总是一大早就下河游泳。小耳朵双手抓着护栏，两只小短腿不停地蹦，时不时爆发出“嘻嘻嘻”的笑声，转过身来手指着河里的鸭子，热情地和大家分享他看鸭的快乐。

好不容易把他从窗台上哄下来换上衣服，他便立马直奔屋外的鸡窝。“大鸡大鸡！”就跟喊老熟人似的。

除了要看大鸡外，小耳朵还全方位操心着大鸡的伙食。每天都要钻进放粮食的小屋，用铁碗舀起麦子飞奔来喂鸡，整套动作如行云流水般流畅和自如，只是总因为过于心急，麦子往往被他倒在了半道上，他又掉转头来一粒一粒地抓起来飞奔着扔进鸡窝。

喂完麦子后，他拍拍手又摇摇晃晃跑到厨房门口，操起门口桶里的铁铲子，奋力和起了鸡食，碍于只有1岁多一点，实在力气单薄，在自己憋红脸试了很多次始终提不起桶来后，他决定求助，左右搜寻，发现爷爷是合适的人选，赶紧眯起眼睛冲爷爷礼貌性地假笑，再奔向爷爷抱住他的大腿，这会儿爷爷早已倒在他的糖衣炮弹之下了，孙子这会儿就是叫他去表演胸口碎大石，恐怕也不会迟疑，更何况这时小耳朵只是牵着爷爷的手叫他提起鸡食带他一起去鸡窝而已，走！

在看完小耳朵整套喂鸡的操作后，我心中感到甚是安慰，我这个做妈的每天都在寻找我儿身上的天赋，始终没找着，现在我敢肯定，小耳朵以后真的可以当个养鸡场的场主。

大鸡终于吃饱了，小耳朵又开始关心起了大鸡今天到底下蛋没，每每这时他总是一边大叫大鸡一边招呼我往鸡生蛋的地方张望，30多只鸡啊，基本上每天都能收获20多个蛋，真是小康之家！显然小耳朵也心满意足，在完成所有和大鸡有关的事业后，他“直跑直跑”赶往下一个场子——邻居家的鹅圈。

大家鹅体形庞大，脾气不小，小耳朵不敢过于靠近，每每都是站在鹅圈外张望，或者干脆趴在拦网上瞅着。有时候仗着大人都在，他也会突然跑起来去赶鹅，还有三米还有二米还有一米，说时迟那时确实迟，小耳朵已经摔了个狗啃屎，在地上盘旋打转终于费劲地自己站起来，看看鹅看看我，立马掉头就跑，冲进我的怀里抱住我的大腿。

当然这种温馨甜蜜的时光是非常短暂的，小耳朵是蓄电一秒钟轰炸一整天的选手，很快就又往桥头奔去了。他已经掌握了鸭子们每日的日程表，这会儿鸭子准在桥底下游泳呢。

他咋咋呼呼地站在桥上，看着波光粼粼的水面，搜寻着鸭子的身影。

·02·

婆媳关系

我和奶奶的日常便是她烧火我做菜，她捡螺蛳我做小跟班，她出去干活我帮她算账，爷爷犯浑，我帮她撑腰，这中间无论哪次的合作都如丝绸般顺滑，完全没有婆媳矛盾的影子。

爷爷奶奶做的饭菜是地地道道的淮扬菜，在我眼里都是一个味，那就是没味，全都一个款式，那就是汤汤水水。走遍整个厨房别说小米椒和海椒面了，连个装模作样的青椒都瞅不见，我一个在四川蹲了这么多年的江西妹子，前年头次回苏北过年，年夜饭差点给我吃哭了，饿得我大年夜双眼饱含泪水躺在床上思念火锅和辣椒炒肉。

但爷爷奶奶不明白呀，他们还在一味地追求给我这个新媳妇烧出一锅雪白的汤。“恩们这块就是这样的，汤烧得雪白别人就说这个好切（吃）呢。”当初碍于情面，初来乍到的新媳妇儿，没好意思说，只有暗地里撺掇姚工去镇上给我买老干妈。

这次回来，爷爷奶奶的厨艺当然丝毫不变，仍旧在追求烧出一锅雪白的汤待客。只不过今时不同往日了，我已经不再是羞涩的新媳妇，为了让自己的胃少受苦，我决定占领厨房，穿上奶奶的围裙，挽起袖子，开始下厨。

爷爷奶奶家的厨房非常原始，灶台上两口铁锅，烧着柴火。我拿起柴火点燃麦秆，右手用火钳把它塞进火膛，没烧着，换个角度，还是没烧着。正纳闷呢，奶奶冲了进来：“宝宝，快别烧，你手嫩，一会儿把你手划破了，恩来。”

自从我开始烧菜后，家里菜篮子里就没断过辣椒，灶台上整整齐齐摆着两瓶老干妈。很快村子里每一个人都知道我这个江西媳妇吃辣凶得很，姚工堂姐来家里串门，从兜里掏啊掏，掏出了一包小米椒递给我，一边递一边五官狰狞，头顶都似乎在冒烟，仿佛刚吃了重庆辣火锅：“我特意去镇上给你买的，这个太辣了，你太能吃辣了。”

小耳朵奶奶站在一边，笑眯眯地应和：“嗯呐嗯呐，恩尕宝宝，就欢喜个吃辣椒。”

奶奶已经快 70 岁了，她喊我宝宝时的语气简直和我外婆一模一样。小耳朵现在最喜欢的人就是奶奶，经常梦里大喊奶奶。奶奶还在村口，我只看见了模糊的一个身影，小耳朵早就操着盐城话大喊“奶奶”了。

奶奶是我这辈子目前为止见过的最勤劳的人，每天天没亮就起床，洗衣服做饭，等我们都起来了，这一切她基本上干得差不多了。除了要打理家务，她还经常出去帮工赚钱，前阵子刚去帮别人栽了五天藕，非常辛苦，早上 5 点半就起床上工，一天在藕塘里泡十几个小时，才赚到 80 块钱。无论我们怎么劝，她都不为所动，坚持要出去打工。

“农村里就是这样的，趁着能干就去干干玩玩吧。”

闲在家里时她便去捡螺蛳，穿上套鞋，提着小桶，去河沟里找螺蛳，昨天下午还找到了几条野生黑鱼，小耳朵看着黑鱼开心地围着桶打转。

我和奶奶的日常便是她烧火我做菜，她捡螺蛳我做小跟班，她出去干活我帮她算账，爷爷犯浑，我帮她撑腰，这中间无论哪次的合作都如丝绸般顺滑，完全没有婆媳矛盾的影子。天呐，剧本拿的太好了吧。

可是，谁想到半路杀出个程咬金，小耳朵爷爷这个刺头天天让我头疼。

爷爷和奶奶是完全不同的两种人，他的日常生活是喝酒、打牌。现在还有一个日常就是和小耳朵满村跑，瞅见谁都要扯着嗓门：“嗯呐嗯呐，这是恩大孙子，恩姚家的继承人！”

一日三餐，抛开早上，剩下两顿爷爷顿顿要喝酒，一顿不落，日日如此。爷爷一喝了酒，话就变得非常多，絮絮叨叨，来来回回讲那些已经讲了八百遍的话。每天都不干活，喝多了还要说：“我们家都是男人说了算。”嘿，我气得牙疼，每天晚上都要和他叫板。

但不知道怎么回事，无论我怎么说他，他总是笑嘻嘻的，末了还要夸我菜做得好吃。

慢慢地，吃饭期间拿爷爷开玩笑已经成了我的日常乐趣，不仅如此，我还给他取了两个已经传遍全村的外号，姚酒瓶和姚仁义，因为爷爷一喝完酒就成天把“做人讲究仁义二字”挂在嘴上。

“你看我今天去银行存了 7000 块钱，折子全给你妈了，我仁义吧。”

“从未见过像你这样厚脸皮的人，那笔钱明明是妈赚的，姚仁义同志！”

“嘻嘻嘻嘻嘻，你做的菜好吃！”

姚仁义同志还很喜欢一派大家长的作风。

“恩尕孙子是恩们姚尕的继承人！”

“爸，你是不是有皇位？”

“嘻嘻嘻嘻嘻嘻，你这个鸡子炒得好吃！”

除此之外，姚仁义同志还总是见风使舵，甩锅奶奶。

“爸，今天这个菜是不是你做的？太咸了。”

“你婆婆切的！没切好我怎么做得好！”

“爸，你一个70岁的老党员了，党没教你做了错事要大胆承认吗？”

“嘻嘻嘻嘻嘻，你这个鱼烧得好吃！”

三个多月了，可怕的婆媳关系并没有发生，与此同时我竟然越来越喜欢这个“穷乡僻壤”，这段日子恐怕是自童年结束后，我度过的最惬意的时光，我猜姚工也是同样的感受。草长莺飞、日出日落、炊烟袅袅、漫天飞雪、江边渔船、晴空万里、月色如水、繁星点点……这些早就忘了的词，早就以为这辈子都不可能重温的童年岁月，居然在这段时间常伴我的左右，深深地熨帖着我这颗忧愁的心，也卸下了我肩上的重担。

小耳朵则每天都快乐地在大自然里疯跑，弄得满身是泥，这才是我和姚工希望他拥有的童年。

这一切不是我的计划和安排，我没有这个勇气，可以从城市里搬出来，住到这样一个村庄里养孩子，也不是任何一个人可以给到我的，这是上天的恩赐。

· 03 ·

夏舍的冬天

路上一个人都望不见，望着空晃晃的村子，天儿又冷了一些。

苏北平原的冬天是非常难熬的，整个夏舍都被裹在毫无遮掩的北风里，每一棵树都是光秃秃的，连一片叶子都没有，秃到让人死心塌地地以为整片林子都死了。如果又是阴天那就更难挨了，家家户户都关上门，缩在屋子里，路上一个人都望不见，望着空晃晃的村子，天儿又冷了一些。

冬天也没什么生活好做的，吃了早饭就直愣愣干巴巴地坐着，因为冷，连谈闲拉呱话的兴致都没有了，终于小鸡啄米头点地打盹儿圈后，挨到了中上 10 点。“要去做中饭吃了。”11 点便吃了饭，又直愣愣干巴巴地在屋里头坐着。下午比上午闹热些，有些邻居拢着手缩着脖子推门进来串门：“吃呢？”

在夏舍是没有什么先敲门这一说的，也没有什么个人房间不能随便进一说，有时候你还在床上躺着呢，房门口突然探进来一颗脑袋：“做啥哩？还在铺上呢。”

拉的都是东家长西家短。

“他家闺女好呢，过年苦（挣）了不少钱呢。”

“西边文二家的小伙不丑（不错）呢，苦到钱了。”

聊着聊着时常陷入沉默，双方都伸直腿坐着，脚尖踢着地，直到一方忽然又开腔：“华生的婆娘又上盐城啦？”

终于时钟摆到了下午4点，“尕去呀——，要做饭呢”，随即家家户户烟囱都升起烟来。小耳朵总是要钻到灶前跟着奶奶一起烧火，烟和火熏得他小脸红扑扑的。灶旁的小木窗户刚好和小耳朵一样高，奶奶推开窗户，对着隔壁的二奶奶家：“吃呢？”边说边把早就想过去玩的小耳朵从小窗户口递给了那头的二爷。

6点，家家户户都已经吃过晚饭上铺了，每家的电视声都开得非常大，7点家家户户都传来《新闻联播》的声音。

“以上就是今天《新闻联播》的全部内容，感谢各位的收看，我们下次再见。”这句话说完，夏舍的一天才算彻底地结束了，偶有些还睡不着觉的老人，继续歪在床上胡乱乱地看几眼八点档的电视剧，看上一会儿，才鼾声四起。

最近这些日子和往常不大一样了，《新闻联播》一结束，万籁俱寂的夏舍就开始听到吱吱吱的声音，没一会儿挂在村口大电线杆上的大喇叭就响彻这片冬夜里的苏北平原。

“各位村民，过年好！今年春节，我们一起面临着一个共同的敌人——新型冠状病毒。我们要配合党中央和政府，全心全意众志成城地打好这一仗。请大家过年期间千万不要出门，避免让我们成为下一个被封的地方。不要走亲访友，不要出去拜年！安心在家做好防疫工作，相信党和政府的领导！”

吱吱吱吱吱吱……大喇叭说完后，声音似乎还在夜里的夏舍四处窜。

我裹紧厚厚的棉衣，快速跑到屋后的厕所，睡前的这一趟苦总是要吃下去才行。厕所里不仅没个灯，连个门也没有，空旷的喇叭回音和冷冽的风同时灌进我的胸膛。

等我躺上铺，门外传来窸窸窣窣的声音，姚仁义同志裹着他那件从来也不洗的墨绿色军大衣，只露出一个花白的脑袋，东倒西歪地走到门口的空地上就地解决，一边嘴里还骂骂咧咧。

“让妈妈的，这个年过得没甚哩（什么）意思！”

一开始我碍于情面总是忍着不说，后来发现姚仁义同志回回都这样，是可忍孰不可忍，我冲着门外大吼了一声：“你就不能去厕所吗？你这个人怎么这么不讲究？！”

反正姚仁义总是嬉皮笑脸：“恩懒得跑，恩们这块男的个个都这样！”

倒上铺，连个房门都不关，没脸没皮地就睡了。

“嗯呐！你这个人真是一点面皮都不要，戏阿里（孩子）都还在尕呢。宝宝，你不要气他，说了他也不听的，他就这样，几十年了没个好的时候。”奶奶披着棉衣站在我们房门口，劝我赶紧钻进被窝别跟姚仁义计较。

第二天一清早，奶奶就穿着她那件橙红的马甲，骑上自行车，车后座夹着把扫把到村上去了。奶奶这两年谋了个好差事，在村里当环卫工，一年能苦个几千块钱，因为这件事姚仁义同志回回吃饭喝酒了都要自夸：“你妈总是喜欢出去帮人干活，恩想罢了吧，恩就去找村里的干部打个招呼，给她找个公家的事做做吧，这还不是恩一句话的事，在夏舍哪个干部不卖恩姚大三分面子？”

原本这大过年的不用扫地，但今年疫情情况特殊，说是要去村上开个会。我劝奶奶别去扫地，风险太高了。“扫个地能有甚哩风险？”

奶奶根本不听，临走时，我冲进房里，赶紧从抽屉翻出一个前些天托小耳朵姑姑从城里买来的口罩，给奶奶戴得严严实实的。

“哎呀，宝宝，用不到用不到，能有多大个灰呀。”

“不是防灰，防病毒！”我可着急了。

“还防病毒呢，你这个戏阿里真讲究。”奶奶眯起眼睛笑我，我更着急了，板着个脸亮出了我吴老师最严厉的一面：“千万别摘下来，也别用手摸口罩！”

奶奶特意伸出她那双已经皴裂得不成样子的手，在我面前甩来甩去：“放心，恩一个时候（一会儿）就汆来了。”说完就一骑绝尘去了。

村里人都起来了，吃过早上的饭，陆陆续续地拢着个手又开始串门了，我心里一万个不情愿，恨不得把门关起来，尤其是刚从盐城回来的那个华生的婆娘，村里没一个人戴口罩，她也不戴，把我急死了。

“甚哩病毒啊，没事，恩们江苏没有病毒，恩们这里科技发达得很，离武汉远着呢，怎么可能有病毒？”姚仁义根本不听劝，还要日日去村里串门打打小麻将。

怎么说都没用，那会儿微信微博推特上传来的没一个好消息，我焦虑得很，可夏舍一个个的悠哉悠哉，根本不把这个当个事。

我只能回回守在家门口，一瞅见姚仁义同志要出门，就赶紧塞给他口罩，坚持让他戴严实了才让走。等到中上麻将散场，我又准时守到门口，姚仁义前脚刚踏进门槛，我后脚就追在他屁股后面让他洗手，为此还特意喊姚工去镇上买来了好些洗手液和 84 消毒液。“哎呀，洗个甚哩手呀，恩又没出去乱摸！”姚仁义每次都要反抗，但我态度强硬，恐吓加威胁："再不洗手，我明天就带着你孙子走了！"

这才屁颠屁颠地跑到水龙头下准备胡乱对付一下。

严厉的儿媳妇只好再次上线，站在水龙头旁，就差拿根棍子了。"好好搓，用上洗手液再搓一次。"

后来回回家里来了人，爷爷奶奶都要笑眯眯地跟人说："哎呀，恩尕城里的媳妇讲究，天天要恩们洗手，还要放个甚哩洗手液。"听的人立马也跟着眯起眼睛笑起来："这么讲究呀！"

直到江苏有了感染者，姚仁义还是嘴硬："恩们盐城没有！"

后来盐城都有了："恩们建湖县没有！"

后来据说建湖也有疑似病例了，隔壁楼王镇都发现了，去楼王的大铁桥，用一块蓝色的大铁板都封上了，铁板上贴着几个硕大的红色大字"疫情期间，禁止通行！"，一旁还立着一根国旗，以添威严。但就这样还是没用，姚仁义和夏舍各位还是骑着小电驴走各种小路去镇上。"恩们东夏镇上不可能有！"

奶奶从村上回来了，脸上竟然戴着一个普通的白色纺布口罩。我心里一惊："我给你的口罩呢？！"奶奶从兜里掏出那个已经皱皱巴巴的蓝色医用口罩："村上干部让恩们戴上这个口罩拍照，说防病毒。"

让妈妈的！我赶紧让奶奶把这两个口罩全扔进火膛里烧了。"这个口罩还好好的呢，烧了多可惜。"奶奶边说边想捡起来重新揣回口袋，我几乎大吼："别动！"用火钳夹起来快速扔进了火里，那会儿我整个人已经到了草木皆兵的地步，全世界都风声鹤唳。

我搬起个小板凳拉上姚工，仔仔细细和爷爷奶奶说这次新冠疫情的严重性，爷爷奶奶听得似懂非懂。“总之就是很严重，千万不能让你们的大孙子被传上！”

一搬出大孙子，凡事都奏效了。奶奶二话不说就按我吩咐，把84消毒液兑上水，倒进平时用来打农药的药箱里，把家里里里外外每个角落都仔仔细细地喷了一遍。

奶奶刚打完药水，姚仁义骑上小电驴也说要去村上开会了：“恩们这些老干部要去了解一下疫情工作。”

中上姚仁义终于回来了。

“疫情工作进展得如何？”我问姚仁义这位老同志老干部。

“让妈妈的，这次确实严峻！国家付出了很多金钱和成本正在大力防控疫情。恩作为一个老党员，要配合工作，恩的70岁生日就不请客了。”

“感天谢地！那不出去串门打麻将是不是也要配合着党和政府给落实下来？”

“恩们村里又没有！没事！恩下次要给武汉人民捐200块钱，恩作为老党员，国家有难，一定要支援！”

·04·

一场 乡村漫游

一路上，屋子一间间都房门紧闭，有的院子里长满了油菜，有的院子已经塌了。

屋前头小娟家的男将（丈夫）本来年一过就又要去绍兴磨地坪了，这生活他已经干了二十多年了，哪一年不是过完年就背上行李上绍兴做生活（做事）的。今年头一回遇上这么个事儿，谁也没想到这年月会有这么个大疫情发生，现在大铁桥也封了，工地上也开不了工，小娟家的男将便整日坐在院子里翘着脚晒太阳嗑瓜子，还有他家的二爷一家子，也去不成绍兴了，最近一大家子终日大鱼大肉吃吃喝喝打麻将，难得热闹这么久。

小娟那个在上海读研究生的儿子，也走不了了，学校开不了学，改成线上上课。

我和姚工也决定不走了，路上带着个戴不住口罩的小耳朵实在是风险太高。我们和同事坐在一起开会，琢磨来琢磨去，发现也只能线上上课。自此我们就开始了终日对着电脑的日子，有时侯来串门的太爷太婆好奇得很，看见我们对着电脑一直在讲话，忽然他们就把脑袋一伸，直直地凑到电脑镜头前，东看西瞧。

“好玩呢，说是用电脑在网上上课，也不晓得网上到底是个甚哩地方。”太爷和太婆抱着手在院子里坐着，一直盯着我们，想看看“网上”到底长成甚哩样子。

左盯右看，回回都只能看见我们对着电脑唾沫横飞左敲右打，这一天两天三天的就是看不见这个“网上”。渐渐地，太爷和太婆失去了耐心：“神秘得很，也从来看不见。”

成天坐着对着电脑，确实遭罪。一会儿我喊个眼睛痛，一会儿姚工喊个腰太酸，奶奶对此非常心疼。

“你们这个工作真的是太辛苦了，比我们种田苦多了，天天起早摸黑都在看电脑看书学习，跟考大学一样。太累了，玩玩吧。”

那就玩玩吧，有时候不用上课的周末，我们便会在村里四处闲逛，从夏舍到赵舍。一路上，屋子一间间都房门紧闭，有的院子里长满了油菜，有的院子已经塌了。

“小时候我们都在这条河里游泳，小孩在河里玩水，男人干了活回来也一头扎进河里游泳，女人们就在码头上洗衣物，很热闹的。”姚工指着眼前一条长满了水藻的小河道，河岸上杂草都长到齐腰长，河里幽绿，似乎水流都是静止的。“以前我们都是从屋后驾船，坐船从大沿河去城里。”停在河面上的两三架旧船，破破烂烂，好像是三十年前的某个傍晚，村民撑了船，往屋后河岸边随手一停，之后这漫漫时光所有人便忘记了这些船，就像忘了屋后的这条河一样，任由其自生自灭，它们也就无声无息地衰败、损坏、失去生机。

“这家以前是商店，是江峰的外婆家。”他指着一间已经倒塌的院子，江峰是姚工从小一起长大的好朋友。院子里也已经杂草丛生了，但还是看得出来这间院子当年应该也是风光一时。院坝很大，红色砖石围成的院墙颇为考究，拱形的院门上还有不少精致的雕花，十几二十年的荒废，便让这院子全是断壁残垣，千疮百孔了，原本住在院子里的人也都四散天涯。

“我上小学的时候，夏天就走到这找同学玩，以前感觉好远呢，全是烂泥路。夏天我们先去河里游泳，游完了下午就坐在巷子里打扑克睡觉，穿堂风吹过很舒服。”走了没几步，姚工又指着一个青砖屋子介绍说是他同学家，同学一家早就搬走了，木门已经朽坏了，但是院旁的一棵大白杨长得非常粗壮，枝叶荫蔽着整个房檐屋顶。

“我们小时候放学了，就钻进油菜花田里玩捉迷藏，或者滚到沟里打架、放火。”姚工的小学我路过过，田舍全是白墙黛瓦的屋子，中间有一个很大的院坝，现在已经变成了一个养殖场，里面全是鸭子和山羊，老远就能闻到一股腥臭味儿。姚工也曾特意带我去他的中学逛了一圈，那个他说以前住着几十个人的大宿舍，早就房门紧闭，挂在门上的锁，铁锈黝黑。我凑到破了的玻璃窗边往里探头张望，早已看不出来当年宿舍的痕迹，里头积攒着灰尘和蜘蛛网，还有各样的坏凳子桌子，院子里的杂草都长到了我的腰部。

不过，在夏舍的姚工却比在成都的姚工可爱一万倍，在成都我觉得夫妻关系已经快破裂了，在夏舍我感觉重回 15 岁初恋的夏天！真是老当益壮，夕阳无限红。

我们推着小耳朵，经过黑色的沟渠，一个老太爷正抡着锄子，在奋力地翻挖脚下黑色的淤泥，姚工说这是在挖田。旁边田埂中间长着一棵歪七扭八的大树，树下是一座小巧冷清的土地庙，夏舍这边大年三十家家户户都要买上香火到周边的土地小庙拜一拜。往前走，是一座石拱桥，桥头站着一个拄着拐棍的老太，老太穿着一身她们那个年月才有的藏青色土布褂子，空着一口牙，干瘪着嘴冲我们笑，背弓得厉害，怕是有 90 多岁了。再往前就是一片又一片的麦田和油菜地，旁边还有种着藕养着龙虾的水田，田埂上种着的桃花和梨花开得正欢，拴在房子边的狗见我们来了，大叫了起来。在这方面我们小耳朵不能输，刚才还懒洋洋歪在车里的他，立马精神抖擞仰头对狗“汪汪汪汪汪”，气势上确实还可以。

除了狗还有野猫，面对小猫，小耳朵显然要温柔很多，笑眯眯地“喵喵喵”。

想当初刚来夏舍时，小耳朵一见猫拔腿就跑，更别说去邻居家看狗了。现在他每天的日常安排里必有一项是去看“汪汪”，从家里一路往西跑到小路尽头，直奔小狗的窝边，对着锁着链子的小狗一阵狂号，号完立马转身去隔壁家找猫。那只怀着孕的花猫蹲在院子门口，小耳朵蹲在它面前打算喂它一点刚从路边菜地里拔来的小葱。

除了这只怀孕的花猫，夏舍还有很多野猫，一到晚上它们就跑来院子里觅食，不管天多黑，小耳朵总是老远就能看见猫的身影，人类幼崽真的是个谜。

我们推着小耳朵游来荡去，全世界都非常安静，每间房子里似乎都没有人。路边的豌豆尖正嫩，蚕豆已经开花了，韭菜马上也能吃了，成群的鸟似乎和我们一样，没有一定要去的地方，时间凑巧又很多，于是便漫不经心地在身边飞来荡去，怀着孕的山羊被系在树上，小羊在树林子里闲逛。远处走来一个穿着花红袄子的女人，她手上挽着个竹篮子，身上还沾着油菜花的黄叶子。

路的尽头有人养了成百上千只鹅，我们推着小耳朵站在岸边看水里雪白又肥硕的大鹅以及河里被遗弃的小船。岸边整整齐齐地堆着许多稻秆堆，但似乎已经很多年了，残墙上大大地写着“租被”二字。

到底是什么年月写下的呢？我从来没想到过还有“租被”这一个行当。“以前过年或者做红白喜事的时候，家里总是会来很多亲戚，那个时候每家每户都没几床被子，那些村里的女人就会来这些小店子写下租条，花上几块钱，租上几床被子，大家夜里就挤挤挨打地铺，很热闹的。”姚工说起以前的事，语气里总是充满向往。

“30 年前，这里家家户户最起码都住着三四个人。一个地方要衰败真的很快。”眼前这栋两层的小楼，在村子里很少见，想来当年这家主人起房子时也应该是钱袋鼓鼓、兴致勃勃的，谁想到现在它却被留在这整片的寂静和荒芜中。

·05·

夏舍
解谜专员

在夏舍走进每个屋子，在屋子的墙上或者木大门的背面，你总能看见歪歪扭扭地用粉笔大大地写着“女儿：138××××××××；儿子：139××××××××”。

年初刚回来的时候，爷爷便一直在抱怨移动公司乱扣他电话费。“让妈妈的，我根本不打电话，怎么会一个月交 100 多元呢。”

直到有一天，他给他老战友打了个电话，两个小老头在电话里就目前的疫情进行了一番指点江山，约好了下次喝酒的时间后，爷爷把电话一撂，便拍拍屁股去打麻将了。他走后，我们发现通话还在继续，显然那边那个小老头也是手机一撂就跑了。

在夏舍，老人们挂电话全凭直觉，基本都是“撂下就跑”。这些电子产品对老人们而言永远是个谜，渐渐地，我们几乎成了解谜专员。

中午我推着小耳朵正往东边散步，突然一位太婆拉着我直往我手里塞东西。“宝宝，快帮恩望望这个是不是坏了，一直没声。”一看原来是夏舍流行的手持收音机，我捯饬了一下，发现原来是没电了，充上电立马又是熟悉的配方“苍茫的天涯是我的爱……”婴儿车里的小耳朵闻歌起舞，立马蹦起迪来。太婆也喜笑颜开，拉着我的手非要往我兜里塞几个糖果：“宝宝，你真能干，大学生就是有文化。”

下午我坐在院子里正在备课，南边快 90 岁的太婆又拎着个老人机跑到我跟前：“宝宝你又在学习呢，你先帮恩望望，没有声音呢，戏阿里在城里给恩打电话，恩一个都接不到，是不是坏了？”一看，原来是太婆七按八按给整静音了。

傍晚，我们带着小耳朵准备出门遛弯，刚走到门口，一位太婆截住走在前面的我：“宝宝，你男将借我用一个时候。”边说边招呼我身后的姚工：“宝宝，你帮我做个事，帮我拍个照发给你二哥。”说着从兜里掏出了户口本、银行卡。“宝宝恩们尕去坐下好好拍一个，拍个清爽的。”

渐渐地，我们的声名就传播开了，来找我们的老人越来越多。

也不总是电子产品，有时候也会是别的。比如，有一回大清早的我们还在床上睡觉，西边的徐老太爷拄着拐杖，就已经跑到我们房间门口了。

“高华（姚工）呀，你们还在铺上呢，快起来帮我望望这个药，一天吃几次呀？”说着递给睡醒惺忪的我们一个白色的药瓶，瓶子上写的都是英文，姚工左望右望：“老太爷，这个药是治关节炎的，饭前吃，一日三次。”

“宝宝，你穿上衣服起来，找个纸帮我好好写下来。”

有时候我们正坐在院子里上课呢，忽然一个太爷急急忙忙跑过来：“宝宝，快去帮我看一下恩尕那个甚哩网络，恩哪晓得是怎么回事。”

或者又一个太婆火急火燎地走过来，往我手里塞进来一个手机，“宝宝，你帮我把这个号码存进电话里。”边说边从兜里掏出来一个小纸条，纸条上写着：女儿 138××××××××。

老人手里是一个智能机，我看着她翻手机前还要把手指放进嘴里沾点口水，不禁笑了出来。在夏舍走进每个屋子，在屋子的墙上或者木大门的背面，你总能看见歪歪扭扭地用粉笔大大地写着“女儿：138××××××××；儿子：139××××××××”。

还有时候是青年人发来了视频，老人左按右按就是不知道怎么接，急得满头是汗的，跑到我们跟前：“宝宝，快帮恩接一下这个甚哩频，恩不敢乱按，万一按坏了，按下去这个要收费那个要扣款的，恩又记不住。”

也不是回回老人来找我们，我们都能帮他们把问题解决了。有一回一个太婆跑过来喊我去给她看看家里的洗衣机为甚哩不转了，我站在这个不知道多少年前的老古董半自动洗衣机前，也是一筹莫展。“没事，宝宝，恩都说了不要这个甚哩洗衣机，恩尕戏阿里非要帮恩买一个，恩去河里揉个衣裳还费个事啊？恩过一个时候去小娟尕，喊她尕的研究生来看看。他肯定能懂。”

跑遍整个夏舍也没有一家有全自动洗衣机，小耳朵奶奶家也是一台前些年买的半自动，这在我看来是老古董的机子，在夏舍的老人眼里已经是非常先进金贵的机器了。奶奶平时还舍不得用，总是跑到屋后的小码头上，在河里洗衣服。

冬天苏北的河水简直是刺骨，即使是河水温暖，我也实在不愿意花时间在手洗衣服上，而家里这个半自动洗衣机用起来更是恼火，洗个大件衣服要花上大半天，脱个水半个世纪都过去了。

“我准备给家里买一台全自动洗衣机了。”某个晚上吃饭时，我对爷爷奶奶宣布。

“不要买，你这个戏阿里浪费钱，恩们又不用，河里揉揉就好了。”奶奶急切地拒绝。

我心意已定，谁人拒绝都不行。没过两天就让姚工下单了一个新洗衣机，傍晚镇上的快递员送来放在院子里，村子里的太爷和太婆全都拢着个手凑过来，对着新洗衣机左摸右摸，上看下看。

“全自动的，宝宝这个要好多钱吧。啧啧啧，不得了。”

“恩叫他们别买别买，非要买！”奶奶站在一旁似乎气急败坏，但眉梢里却又掩不住得意之情。

之后的日子我花了很多的工夫教奶奶怎么用洗衣机，奶奶大字不识一个，眼神又不太好，左按右按，时常按着按着就急匆匆地跑进房里：“宝宝，快去看看那个洗衣机，又是甚哩回事呀！”

那些我们不在村里，村里只有老人的日子，电话静音了、收音机没声了、药不知道该怎么吃了，他们要怎么办呢？大概就只能等啊等啊，等到村里终于有一个年轻人从城里凑巧回家了，老人们才能急急忙忙赶去他跟前请他帮忙。但青年人却永远难得尕来一次，即使来了，也来去匆匆。

过年那会儿是夏舍最闹热的时候，在外苦钱找生活的人都回来了，有的回来过年，有的回来拜年，村子里不仅有青年人甚至还有小孩，可这闹热的光景就那么几天。今年因为这场疫情，夏舍破天荒地比往年闹热得久一些，外头不解封，夏舍的人出不去。随着大铁桥上的那块铁板取下来，封锁结束，大家就陆陆续续走了。

年轻人在夏舍就跟天上的飞鸟似的，偶尔经过，很快便没影了，只剩下寂寞的夏舍和一群面对电子产品一筹莫展、撂下手机就跑的老人们。

姚仁义同志以前我们再三请缨教他用微信视频，他都断然拒绝。“我才不需要那些乱七八糟的东西。”

现在光景不同了，风水轮流转，姚仁义同志开始频频请我们教会他视频。“等你们走了，恩就用视频望望宝宝，当然，你们恩才不想看呢。”

· 06 ·

乡村
运动会

运动在夏舍人看来是一件非常新奇的事情，这世上居然还有人大清早起来专门吭哧吭哧地运动，累得自己直喘直喘的，夏舍人只有做生活时才会这样，不做生活时谁不愿意清清静静地坐着歇歇？

我们成天对着电脑线上上课，时间久了腰酸背痛、两眼发干，学生也时常对着屏幕倒苦水：“眼睛太痛了，腰好酸啊！”每当这种时候，我都会站起来走出院子在村子里溜达溜达，看看麦子和路边的菜地，或者头顶的蓝天白云。学生们都非常羡慕：“在乡下真是好，我们小区都出不去，疫情再不结束，就要疯了。”不过也不总是坏事，偶尔也能看见被困在家里的学生写他如何站在阳台上放松自我，观察大自然，思考人生。

有一天正上着课，姚工忽然从屋里揉着眼睛跑出来：“眼睛太痛了，背也快吃不消了。”姚工决定把锻炼提上日程。

他在夏舍东走走西晃晃，这边看看那边翻翻，找到了一个不知道什么年月的破旧自行车轮胎，又喊来了隔壁的二爷，两个人埋头一阵嘀咕，二爷就上家里头搬来了一把梯子放到了屋檐下，又拎来了一把电钻，两个人三下五除二把车胎剥得精光，只剩下个铁轱辘。接下来两个人轮流爬上梯子，对着墙一通猛钻，钉上了几根铁棍棍，把铁轱辘往上一架，一个乡村版篮球筐就做好了。

姚工又四处在家里翻找，要找他那个年月更久的篮球。

“恩高中时候买的篮球呢？”姚工问姚仁义同志。

“恩哪里晓得呀，恩没看到。”姚仁义同志闪烁其词。

“你不晓得，不是你嫌放在尕头费你的事，把球扔了嘛，喊你别扔别扔你非扔。”奶奶毫不留情。

姚工叹了口气，开始四下翻找，最终在家里那个早就不用的猪圈里找到了那只颜色难辨的篮球，上隔壁伯华二爷家借来气筒一打，嘿，居然还能用。

伯华二爷站在篮球筐下，笑眯眯地说：“恩回头也上尕头弄一个。”

自此姚工总是在课间休息时，跑到院子里哐哐哐运个球投个篮，学生更是歆羡了。夏舍所有路过的人看见了都要笑嘻嘻地说：“高华呀，你还弄了个这个玩玩呀。”

那天夏舍下了场大雪，第二天村里晴光潋滟，但化雪时冷得很，村里人拢着个手来来回回在路上踱来踱去。奶奶早就把院子里的雪铲得干干净净，姚工又抱着篮球在院子里左拍右拍，不一会儿，二妈来了，前头的小娟也围了过来，东边文勇老爷的婆娘也来了，越围越多，都拢着个手站在边上看着：“这个好玩哩，要扔那么高。”二妈似乎跃跃欲试。

姚工便快乐地带领村里这些裹着鲜红艳绿头巾的大妈们进行了一次篮球教学，大家学习热情高涨，一个个抱着球没了命地扔。随后展开了一场夏舍投篮大赛，各位村民们积极参与，踊跃喝彩，热情鼓掌。“这个好，抛抛球天都不冷了。”

小耳朵对此也感到非常满意，虽然小脸和小手冻得通红，但丝毫不影响他活力四射，抱起篮球就要投篮，无奈实在太矮，我们只能给他单独办个“真实投篮”大赛。姚工把奶奶的竹篮子拎在手上，只见小耳朵抱起篮球，摇摇晃晃地直跑，用力把手里的篮球放进了姚工手中的竹篮子里，一众太婆太爷们表情浮夸，肆意夸赞：“恩尕宝宝真不丑，抛得好！”小耳朵仿若掉进了现场版夸夸群。

不过篮球对于小耳朵而言着实是太大了，直到有一天我和姚工去了趟镇上，回来时在路边的泥地里居然看到了一个脏兮兮的小皮球，赶紧下车把它捡回来给儿子。小耳朵如获至宝，心花怒放，运动热情更是高涨，每天都在院子里瞅见谁都要拉上一起打球。

光打球还不行，姚工决定增加运动量，遂每日早晨起来在院子里健身，小耳朵也跃跃欲试，誓与老爹比高低。

每每姚工一脸苦瓜相艰难地做俯卧撑时，奶奶为了博孙子一乐，瞅准时机立马把小耳朵抱起吧嗒躺在姚工的背上。姚工每每哀号，然而，奶奶沉浸在孙子的笑容中丝毫不在意亲生儿子的苦楚。

姚工在院子里折腾得气喘吁吁，夏舍的村民们看得直乐：“做甚哩呢？直跑直跑的？运动？哈哈哈哈哈。”

运动在夏舍人看来是一件非常新奇的事情，这世上居然还有人大清早起来专门吭哧吭哧地运动，累得自己直喘直喘的，夏舍人只有做生活时才会这样，不做生活时谁不愿意清清静静地坐着歇歇？

“宝宝，累不累啊？歇歇吧？做个甚哩运动啊，大清早起来吃苦。身上酸呐？我们下地干活头两天也酸哩，多做两天就不酸了。”

后来大清早围到院子边看姚工运动，又成了夏舍人的消遣之一，反正大家老早就起床了，6 点钟灶里就生起火来，屋顶上的烟囱就开始炊烟袅袅，抱上碗往姚大家随便那个石墩上一坐，看着姚大家的儿子和孙子在院子里直跑直跑，别提多健胃消食了。

有一天姚工提前做完了运动，邻居二妈火急火燎冲进我们房间：“你今天怎么还没跑呢？”听到姚工说他已经跑完了，二妈瞪大眼睛，大声惊呼：“甚哩？已经跑了？恩还没看呢！”

· 07 ·

夏舍大嫂子

童年时我以为人生永远是这样的，现在我明白人生很少是这样的。

晚上8点51分，夏舍的人早就都上铺了，每一间屋子的灯都熄了。

一天又结束了。

我坐在院子里，头顶一轮圆月，远处麦田里传来不停歇的蛙叫和虫鸣。这是苏北平原上一个普普通通的小村庄，屋子包裹在麦田和油菜地之间，还是传统样式的瓦房，青砖灰瓦。

在夏舍，我每天都想把时间一秒一秒掰开仔仔细细地过。每一天睡前心里都非常确定，这已经过去的一天是多么地美好。

自从童年逝去后，这是我第一次身处时间中却真正地感受到时间，但不同的是童年时我以为人生永远是这样的，现在我明白人生很少是这样的。风吹过的这一刻、看见鸟飞过的这一刻、闻见花香的这一刻、看着云的这一刻、日落的这一刻，每一分钟每一秒钟都清清楚楚。

我想起《魔戒》里霍比特人的故乡夏尔。不过夏舍应该没有来过甘道夫，也没有大桶的啤酒，夏舍的老头们更爱喝成箱成箱的白酒，一瓶九块九毛钱。但在景色方面，我认为至少春天的夏舍和夏尔应该差不多。

而且夏舍老人的热情和夏尔霍比特人的热情简直不相上下。

刚开始来的时候，这些老人都不认识我，见我推着婴儿车，一个个热情四射逮着就问，你是哪家的呀？啊，姚大家的呀！真是不丑！

问完立马往小耳朵手里塞吃的："宝宝，来来来，让我惯惯！"不经意间果冻、娃哈哈、糖果、饼干、坚果，连我兜里都不晓得啥时候被塞了两个鸡蛋，还是生的，热乎着呢，也不晓得是哪个婆婆刚从鸡窝里捡出来的……

临走如果小耳朵多瞅了两眼谁家的鸡鸭鹅，那必定会得到一声响亮的"宝宝，大鸡大鸭好玩吧"，紧接着我耳畔是雄浑有力的"太太（太婆）杀给你吃"。真让人闻风丧胆。

后来我们稍微混了个脸熟，老人一见我立马从屋里头跑出来："怎么还没出去做生活啊？这个甚哩疫情还没结束呢？在家里不发工资吧？"脸上忧心忡忡。等听到我说："发的发的，我们在家里用电脑工作。"老人们立马眉头舒展，喜笑颜开："宝宝，这样多好啊！就在尕里待待，哪里都没有恩们尕里好！"

一个两个三个四个五个，个个老人都要问，直问到他们似乎已经完全确信我可能是再也不会离开夏舍，才放下心来。

后来爷爷奶奶又在村里四处帮小耳朵化缘，不仅搜罗来了一堆旧衣服，竟然还从姨奶奶家化来了一个扭扭车，从此我便成天用根绳子拽着坐在车上的他，在夏舍东游西逛。时间在夏舍，似乎总是格外多，清晨五六点，苏北平原的太阳就升到了屋檐上，雀子和鸟早就在屋前屋后叽叽喳喳叽叽喳喳。

夏舍的人们好像也没什么特别要干的事。清晨傍晚日头不晒人的时候，就一个个蹲坐在桥头；白天不干活的时候，就在村子里转来转去。

“马沿和烽火都拆迁了，让妈妈的！一家只给个八万十万的，给你镇上一套小房子，还要你自己装修。恩们夏舍能迟个五年十年的就好了，恩那个时候也差不多了，恩就是要生在这，撂在这。”

其他人听了个个抱着手点头：“嗯呐嗯呐，恩就欢喜住在夏舍，其他哪都住不惯。”

“大爹呀，甚哩时候去抓小鸡呀？”快开春了，这一年的鸡子要抓来养了，夏舍哪家哪户没养个几十只鸡子的？

“大妈呀，明天去楼王买秧子吧，茄瓜（南瓜）和丝瓜都要种了。我前些天刚种下去的秧子，让妈妈的，让那些雀子吃了。”立春了，夏舍每一块韭菜墩子都翻种一新，大家认认真真地种下了一畦又一畦的菜秧子，有时候刚种下去，还没来得及往上头盖层网子呢，清早起来一看，已经让雀子吃了。

“哎呀，宝宝，宝宝你们去哪里玩呢？”

老人们已经和我们很熟了，这些老人老远瞅见我，一个个喜气洋洋地边锄草边大喊：“大嫂子，你胖了嗨！”这……

此刻端坐在电脑前的是一个围着鲜红头巾的夏舍大嫂子，她日渐虎背熊腰，又黑又壮。

当然，成天在夏舍大鸡大鸭大鹅地吃，胖的不仅仅是我一个人，昨天姚工去邻居家称体重后喜滋滋地告诉我：“小耳朵 20 斤了，我也胖了 2 斤。”真是奇迹啊，在成都姚工永远只有“你又瘦了一圈”，瘦到最后所有人见了他都要特别叮嘱：“你可不能再瘦了，就剩最后这一圈了。”没想到有一天还能长胖。

小耳朵现在也和整个夏舍的人打成一片了，一路上逮着谁都要大声“哎呀哎呀”地打招呼。

“哎呀，宝宝——跟太太打招呼呢，好玩呢，这个小伙。”

夏舍除了小耳朵这么喜欢和人打招呼外，还有两个老人也喜欢。这两个老人都快 90 岁了，老得让我都怀疑，他们的灵魂还在不在夏舍。早上 7 点钟他们从我家家门口往东边走了，7 点半他们又从东边往西边走回来了，8 点钟他们又从西边往东边去了。就这么来来回回，一天又一天，累了就往哪个房子的阴凉处的地上一坐。没有菜秧子需要他们去种，没有小鸡需要他们去抓，也没有人和他们打招呼。

“他们多好，可以在一个地方生老病死，这是他们永远的家园，在这里他们有土地有房屋。我们呢？哪里才是我们的家园呢？我们没有房屋没有土地，将来死了也不知道能葬在哪里。”姚工站在麦田里说这番话时，夏舍日头正在西沉。

· 08 ·

城里的房子

“应该在城里买个房子”，不然好像生活就始终没有上正轨，始终未能拥有完满的人生，在和其他人吹牛胡侃时就似乎始终处于下风。

在夏舍小耳朵从东边跑到西边，谁都认识他，谁都愿意逗他一把，二奶奶带他去浇水，邻居带他去看鹅，二爷拉着他去找猫，还有姑姑时不时送来亲手做的蛋糕和馒头。

每一天他都好不快活。

然而爷爷奶奶却时不时唉声叹气，因为他们又想起了城里那么多套房子，竟然没有一套是属于他们儿子的。夏舍又快保不住了，没有青年人的夏舍，再也不起房子的夏舍，很快就会被拆迁的夏舍，也许就这五年十年的光景，这个地方会永远地消失。姚大三十年前倾尽所有咬紧牙建的大瓦房，又宽敞又明亮，姚大这辈子都靠着这间大瓦房吹牛，头顶的房梁一根根用的全是好木头，至今油光锃亮。当年就是起来给姚大家的继承人的，儿子继承了孙子继承，让妈妈的，谁人能想到今天连夏舍都要没了，姚大家的继承人甚哩都继承不到。

村里绝大部分人都在苏南、上海、盐城市里，最不济也在县城、镇上买了房子。可是姚大家的儿子，在城里还没有房子，这么严重的事，怎能叫爷爷奶奶不忧愁。

姑奶奶来了："你们趁着年轻多苦点钱，还是要买个房子。"

四奶奶来了："你们还是要在城里买个房。"

邻居来了："你家小伙在成都买房了吗？"爷爷奶奶开始闪烁其词。

"应该在城里买个房子"，不然好像生活就始终没有上正轨，始终未能拥有完满的人生，在和其他人吹牛胡侃时就似乎始终处于下风。

有时候喝了两杯酒，姚仁义同志气血上脑，全然忘了自己囊中空空，桌子一拍："恩儿子现在的工作恩非常不满意，他一个设计院的工程师辞了工作，现在在外面瞎搞甚哩教育，不然早就买房了！恩们把钱给你们，资助你们去买房！"

一说到这个甚哩买房，姚仁义同志回回都要痛心疾首地控诉姚工当年的辞职。

"以前恩儿子是在国企上班的，铁饭碗！名牌大学毕业的工程师，尕来给大家发的都是软中华，谁人不尊敬？恩脸上有光。"

说起当年的风光，姚仁义同志更失落了。"恩不让他辞职，恩们尕个个劝他别辞别辞，恩当时打电话给他，告诉他要是辞职，恩就不活了！"

当年我刚在成都认识姚工的时候，就是他刚辞职那会儿，据说在辞职前近半年他都在借酒消愁。"不知道自己的人生到底有什么意义，同事之间就是相约一起泡吧、打麻将，没什么意思。"家里老父亲又以死相逼了，确实够让人愁的。

不过据说后来姚工给家里写了一封长信，就大海向东流，该出手时就出手了，辞职上成都做创新教育！"你真不怕你爸自杀呀？"当年我还不认得姚仁义同志，为他还心惊肉跳了一阵。

现在，我抬起眼又看了一下端着酒杯的姚仁义同志，得，他呀，哪舍得这每天两顿酒呀。

“你们别担心了，我们有钱了就买房子，你们的钱自己保管好。”我呼哧呼哧地喝汤，随口应答。

“甚哩你们的钱我们的钱？我们的钱就是你们的钱！你们的钱就是我们的钱！”

得，又来了。

说到这儿，如果没个人拉住，姚仁义同志就要摇摇晃晃地跑进房里，从他那五斗橱里翻找出存折来，啪，往我面前一放：“恩有钱嘞，恩这个折子全国各地都能取钱，就是去你们成都也取得出来。”语气和当年我头一回来他们家时一模一样。当时姚仁义同志也是喝着酒，手一指房梁，满胸膛的自信：“小吴啊，恩们尕的这个房子好吧，恩们有钱！”

怕我不相信，姚仁义同志回回要翻开折子，指着上面大写的伍仟陆佰元：“看，恩这张折子上有钱哩，党和政府给恩发退休金呢！”

姚仁义同志这一生，前半辈子靠家里的大瓦房在村子里挺直腰杆，后来又仰仗着儿子的软中华，现在这些像过去的年月一样都成了泡影。好在姚仁义同志又找到了新的自信，那就是这每个月都打到卡上的一千块钱退休金，只要他稍察觉到我们的“悖逆”，便大手一挥：“恩有工资，恩又不要你们养！党和国家会养恩。”

“你噫吧！（吃你的吧！）”奶奶实在看不下去了。

姚仁义同志眯起小眼睛，嘴角带着一丝高冷的笑：“能有退休金，还不是因为恩是光荣的退伍军人？”

“就你厉害，一辈子都不晓得做了个甚哩，天天牛气哄哄。有本事你资助儿子在城里现在就买个房。”买房这件事对于奶奶而言，那是真正的沉重负担，以至于村里只要有甚哩生活她都要去干，想着给儿子存点钱买房。

在夏舍，大家都住在一间瓦房里，房子里没有什么精美的家具，更没有什么高端的家电，爷爷奶奶家甚至连把像样的椅子都没有，也不太讲究什么布置和装修。在夏舍我和小耳朵还养成了席地而坐的习惯，累了就往台阶门槛上一坐，晃着腿看看鸡吹吹风听听鸟叫。

一间瓦房就足够了，其实我们并不需要什么高端的家电，也不需要考究的家具，也无需城市里的房子。

《圣经》上说：“不要为生命忧虑吃什么，喝什么。为身体忧虑穿什么。生命不胜于饮食吗？身体不胜于衣裳吗？你们看那天上的飞鸟，也不种，也不收，也不积蓄在仓里，你们的天父尚且养活它。你们不比飞鸟贵重得多吗？”

我拍拍奶奶的背：“不要担心，大不了我们就留在夏舍种田，继承家里的大瓦房！”

·09·

风雨七十年

在农村里你没有个儿子做继承人，别人看不起你，
要来欺负你呢。

姚仁义同志打死不肯承认自己是个农民。“恩当兵回来就在夏舍做大队干部！”但至于他的“从政”生涯，可谓稀烂。

到现在我都没搞清楚他到底当了甚哩干部，只晓得他日日不归家，主要工作内容就是吃吃喝喝，东家办喜事要去吃，西家办丧事要去喝，吃完喝完还要打麻将。

“天天不归家，甚哩生活都不做，死在外头喝酒打麻将，恩总要半夜去外头把他寻回来。”姚仁义同志对奶奶的这个控告回回要辩解：“恩那是在外头做工作！哪个当干部的不要喝酒打麻将？”

确实有苦衷，工作不好做啊。

就在姚仁义同志勤勤力力喝酒打麻将搞工作时，奶奶一个人在尕头起早贪黑地做生活。

“那个时候还没有分田到户呢，家里要有劳力去队里做生活，不然赚不到工分。”姚仁义同志从不下田干活，大队里都是奶奶去赚工分。“那时候苦呢，天天要去上工，有时候一天能记几分，有时候又没有。年底结算要看生产队的收益，有的工分值个几毛钱，有的只有几分钱。”

姚仁义同志梗着脖子说自己也赚了工分，在大队里工作也有工分。“有个甚哩工分？全在吃吃喝喝，年底拿个几百块钱工资回来，等你养家恩们早饿死了。”奶奶气得很。

“三年自然灾害也没见你饿死，那个时候就饿死了吗？”姚仁义同志很不服气，“五九年到六二年，怕有那么一年在吃食堂，天天用个小量子（小桶）打一量子粥回来，那个粥都照得见人影子，哪里吃得饱？又去外头寻点荠菜、萝卜芯子垫垫。恩妈还用糠打糊给恩们吃。后来炼钢，家里锅也被大队收走了，那个时候真是快饿死嘞。”

姚仁义同志说着说着忽然眯着眼睛笑了起来，举起酒杯指了指奶奶：“先头‘文革’的时候，上工做生活前要大喊三个万岁，喊完还要跳舞，奶奶跳得好看呢。”

奶奶脸通红：“哎呀，你跟戏阿里瞎说甚哩呀？那个是大队要求跳的，叫甚哩忠字舞。”

说着说着，忽然小娟和二奶奶端着碗饭推门进来了，也忘了说了个甚哩事，小娟问奶奶：“那个时候怕是还没有分田到户呢。”这是夏舍的习俗，他们的大计时以分田到户为一条线，常常聊起哪件以前的事都要说：“那个时候怕是已经分田到户了。”

说到分田到户，奶奶又气了。

“让妈妈的！八三年的时候分田到户，当时他负责量田分给大家，好的田全分给别人，自尕分的都是又远又差的坏田。”这都过去多少年了，奶奶提到这个还眼睛里喷火，站在一旁的二奶奶也情绪激动得很：“当年你尕爷爷当个甚哩干部呀，害死我们这些家人了。”据说当年因为分田的事，二奶奶还和姚仁义同志大吵一架。

姚仁义同志眯眯笑，抿下一口酒。“恩当年做队长分田，自认为问心无愧，恩是老党员，当然要优先考虑人民群众，自尕吃点亏是应该的，不然这个田怎么分得下去啊？做人要讲究仁义二字。”得，仁义二字又上头了。

“还人民群众！你以为自己当了个多大的官？”奶奶还是气鼓鼓的，“分田到户后，就开始要交公粮了，收了多少稻子、麦子都要上报，大队说交多少就挑到镇上的粮管所去交吧。”

小娟在一旁不住地点头：“嗯呐嗯呐，交公粮的人多呢，回回排队排死了。有一年不是还说，粮管所里的粮食倒下来压死几个交粮的人吗？”二奶奶拿着筷子正在剔牙：“那一回怕死了好几个人。”

奶奶忽然手一指姚工：“现在不分田了，打从他读大学户口迁走了，就继承不到恩们的田了，等我们撂掉（去世）了，这个田就归国家了。”

姚仁义同志听到这个生气得很：“让妈妈的，之前谁人懂这个呀，学校让迁就迁吧，现在恩到队上去问，怎么都不让迁回来了。户口不在就不是恩姚大的继承人了吗？！”

小耳朵出生后因为姚工是城市集体户口，我们便把小耳朵的户口落到了江西，名字赫赫排在了我们老吴家的户籍本上。为此姚仁义同志耿耿于怀，成天嚷嚷，恩要去把大孙子的户口迁来夏舍，他是恩们姚家的继承人。末了他还要看我一眼：“小吴，你也是恩姚家人了，吴家现在只是你的娘家，嫁出去的女儿泼出去的水，恩尕姑娘以后不可能继承到我甚哩东西的。”

回回我都要冲他翻白眼。

“恩就是不会巴结人，不然恩早就提干了！”提不提干就不晓得了，因为很快姚仁义同志就经历了从政生涯的第一次风暴。

奶奶嫁过来没几年生了大姐，“本历（农历）九月份生的，那天下大雪，那个时候天气冷呢。”姚仁义同志对此记得清清楚楚。后来奶奶又连着生了两个女儿，二姐出生没多久就夭折了。三姐倒是健健康康，放在外婆家养着，但天有不测风云，三周岁没过多久，大姐带着三姐出去玩，三姐不小心掉到河槽里淹死了。

“那个时候没人带啊，大人天天要上工，不上工就没有工分，小孩都是拖，有的拖大了，有的就出事了。”奶奶叹了口气，“那有甚哩办法呀？没办法，也不是你一尕这样，尕尕都是这样。有的尕里大人出去上工，小孩就用一根绳子绑在桌腿上，苦哩。这个情况一直到八三年分田到户后才好一些。”

奶奶看了我一眼：“你不晓得什么是分田到户吧？那个时候你还没出生吧？”

八三年我还连个影儿都没有呢，我妈都还在翘课摸虾呢吧。“分田到户后日子就好过一些，自己的田想甚哩时候做生活就可以甚哩时候出去做，粮食慢慢地也多一些了。”

二姐和三姐去世后几年，姚仁义同志决定再生一个。“他重男轻女呢！看见二爷尕两个儿子，都要把小二子领回来当儿子呢。”奶奶指了指姚仁义同志，“在农村里你没有个儿子做继承人，别人看不起你，要来欺负你呢。”

姚仁义同志那会儿铁了心要再生一个儿子。“那个时候计划生育严呢，不让生，恩不管，干部恩都不要做了。恩的战友为了生孩子，带着大肚子老婆驾着船出去，一直生活在船上，岸上的房子都被扒掉了。”

那个时候奶奶30多岁了，在那会儿已经是超大龄孕妇了。“大着肚子也要出去做生活的，别人都跑，恩们不跑。”

“让妈妈的，后来你妈都快生了，大队里的人要来我家拖她去引产，不去就要扒恩尕的房子。那晚上你妈躺在铺上呢，恩说不要怕，大不了一条命，恩跟他们拼了。”姚仁义同志闷下一口酒。

据说在那个寒冷的冬月，姚仁义同志拎着把凳子拿着根水撬子（浇地的工具）挡在了家门口，面无惧色地把水撬子往众人跟前一扔，大吼一声：“同志们，你们上吧，上去掀瓦吧！”

“恩怕甚哩呀？恩一个革命老兵老共产党员，他们谁人敢动？”

就这样，姚工便出生了，姚仁义同志在大队的干部工作也随之泡汤了。至于房子嘛，那个晚上无人上前扒，我猜主要是因为实在太破了有甚哩好扒的呢，毕竟奶奶说这土坯房子，动不动就自己倒了……

“为了生儿子，你妈去把环拿掉了，后来生了，大队就叫去结扎了。”姚仁义同志喝了一口酒，说自己还是很心疼老婆的。

“为啥是妈去结扎，你干吗不去？”

“哼，叫他去他死活不肯去！”奶奶一边笑一边说。

“姚仁义同志，你咋这么脸皮厚呢？”天天闭着眼睛瞎说，心疼老婆个啥。

“恩们这块个个是女人去结扎，男人结甚哩扎，别人要笑话嘞！”姚仁义同志一边喝酒一边笑。

至此姚仁义同志的政治生涯还未完结，后来村里又喊他去当了个甚哩干部，不过好景不长，很快就被领导清出了人民公仆的队伍。“让妈妈的，在恩手里入的党，结果后来一脚把恩踢开，让妈妈的！”

后来姚仁义同志就跟着老爷（姚工的小叔叔）去浙江磨地坪去了，之后辗转又去上海的工地给人烧饭看门。

直到后来东凑西凑凑了几万块钱，去参加了个什么退伍老兵的养老金计划，每天可以领上40块钱，姚仁义同志便彻底退隐江湖了，天天在夏舍打打小麻将。不过最紧要的还是时不时要骑着个小电驴去开会。“恩上大队去开会了，恩们这些老党员要穿上专门的衣服和帽子，去学习国家领导人的讲话呢，学习完了还专门给恩们拍照呢。”

次次回来，我都要问他：“这次又学了个啥？”

“哎呀，就学习国家领导讲话吧，学习他们为了人民群众做贡献吧。”姚仁义同志从兜里掏出几张纸，一看全是关于疫情的讲话，“恩下次开会一定要给武汉的人民群众捐200块钱。”

有时候喝多了，说到如果有人来拆迁房子，姚仁义同志便用手一指墙上的挂历：“看到没？这个是退伍军人才有的挂历，谁人敢拆我的房子，我就去找退伍办！恩们尕门口你看到没有？可是挂着‘光荣人家’的，我不同意拆，谁人敢动啊？”

行吧，到时候你这个号兵，就站起来吹冲锋号吧。

·10·

姚家继承人

爷爷奶奶永远理解不了“我不吃是因为我真的不想吃”，就像我最开始也没摸清楚他们的“我想吃但是我不能吃”。

姚仁义同志对他们姚家的继承人自谓呕心沥血。

打头是为了儿子，现在是为了孙子。

“宝宝生下来，恩就去买了 1000 个土鸡蛋，块块（到处）去送了喜蛋。他第一个生日的时候，恩专门跑去楼王镇上给他买的长寿面。”

当初小耳朵过周岁时，我们千请万请，姚仁义同志纹丝不动，拒不来成都，非要在夏舍给小耳朵过生日。虽然孙子本人不在，但这又有什么关系呢？仁义同志自己就吃下了那碗长寿面。

“让奶奶跟着你们去成都，带孙子是我们家最重要的事，是我们的责任。”姚仁义同志一口酒下肚。

“姚仁义同志，这么重要的责任，还是你去吧。”其他的时候我总是睁一眼闭一睁，但是回回听到他一派大男子腔调，随时指挥奶奶，我就气不过。在姚仁义的世界里，女人是没有话语权的，要任凭家里男人的调遣。

“恩不去！恩要喝酒还要抽烟，还有战友要聚会，城里头恩不欢喜。”真是没脸没皮到了一种境界，只顾自己，哪管自己媳妇儿是不是欢喜上城里。

奶奶不开腔，默默地吃着昨天晚上的剩菜，顺手还把鸡肉往我碗里夹。

“别夹别夹，我真不想吃。”

“宝宝，切呢！”

爷爷奶奶永远理解不了“我不吃是因为我真的不想吃”，就像我最开始也没摸清楚他们的“我想吃但是我不能吃”。

不过现在我已经熟练地掌握了为爷爷奶奶夹菜的技能，总结起来这个技术的精髓就是“快准狠”。

桌子上那盘野生祺花（鲑鱼），饭都快吃完了，爷爷奶奶半下筷子都没下。我真是忍无可忍，瞄准时机夹了一块按进奶奶的碗里，奶奶说什么也不肯吃，非要留给小耳朵。“这块没卡子，留给宝宝切。”只得再夹个有卡子的。姚仁义同志眼睛巴巴地看着，其实早就想吃祺花了，碍于不好意思。在他们的认知里主动吃桌上最好的菜是非常难为情的事，好嘛好嘛，给姚仁义同志也夹一块，一顿饭下来真是满头大汗。

“你们自己回成都吧，宝宝丢在尕里我们带。”姚仁义同志时刻要调遣家中的每个人。

“你们别想了，不可能把孩子丢在家里给你们带的。”姚工丝毫不退让。

“恩们这块个个是奶奶带，恩要是再年轻 20 岁，宝宝就是恩带的！要跟恩睡！”奶奶忽然情绪激动了起来，“你们要恩去成都恩就去吧，恩服从你们。”

姚工每每听到奶奶这句话，都气鼓鼓的。“我不要你服从，你过好自己的日子。”

奶奶在夏舍每天忙忙碌碌筹谋着自己的日子，一日又一日，这世上的年月就过去了70年，她哪里离得开夏舍。但她这一辈子都是在服从，年轻的时候服从她妈嫁给了姚仁义。后来又服从家里的男将，拼了命生下儿子。现在儿子大了，她下了决心要服从儿子。

“恩们要甚哩日子呀？恩们老了，以后这些家产全部都是给你的，恩就你这么一个继承人，恩们的钱就是你们的钱，你们的钱也是恩们的钱。”姚仁义同志又喝上头了，来来回回又是这几句话，气势恢弘，仿若有亿万家产。

姚仁义同志的全部家业就是夏舍的这间瓦房、家里的几十只鸡鸭鹅、堂屋里几箱九块九一瓶的白酒、几亩地以及奶奶脸朝黄土背朝天出去做生活苦了一辈子才存起来的几万块钱，但这丝毫不影响，姚仁义同志的气势。

“宝宝你要切甚哩？爹爹一个时候就去镇上给恩大孙子买，爹爹折子上有钱嘞！”又准备上屋里去翻出他那张存折了。“恩尕甚哩不是恩大孙子的呀？”

有时候姚仁义同志在关怀完他们姚家的继承人后，也不忘关怀一下我。

“小吴啊，你想吃点甚哩呀？你是恩们姚家的大功臣，帮恩们姚家生下了这么一个健康的大孙子，恩们对你就跟对恩们亲生姑娘一样。”

您可打住吧，这世上还有比做姚仁义同志的亲生姑娘更悲伤的事情吗？再也没有了，我日日心疼小耳朵的姑姑。

·11·

春天
潮水般来

这是我第一次看到梨花从花骨朵长到完全盛开，满树白花，像是一场声势浩大的雪，有那么十来天村子里全是花香味儿。

自从我们从成都回来后，爷爷奶奶隔三岔五就杀鸡宰鸭，真的是“生灵涂炭”。

“不吃鸡了，吃点别的吧。”

“不吃做什么？太多了，吃不济（吃不完）呀。”

“吃不济”是爷爷奶奶说得最多的一句话，乡下不知道为什么吃的东西总是很多。

这都吃了3个月了，鸡圈里不知道为什么还有那么多大鸡……除了大鸡外，鸡蛋也是多得数不清，经常见爷爷奶奶几百个几百个地送给城里的亲戚，还有粮食，爷爷奶奶种了很多水稻和麦子。

疫情最严重的时候，人心惶惶，朋友们都在城里拼命囤粮，我们想着也要做点什么吧，于是去放粮食的屋里看了一眼，粮仓满满，吃上一年半载都没问题，算了，我们太多虑了。第一次体会到了家有存粮、心里不慌的从容感。

爷爷奶奶的菜园子里还有豌豆尖、茼蒿、大蒜、各种型号的葱、韭菜、各种型号的青菜、莴笋……我经常炒菜炒到一半发现家里没有葱没有大蒜，便急急忙忙跑到菜园子里掐一把。有时候城里的亲戚来了，他们便会喜滋滋地去菜园里摘一大把青菜带回家：“这才是真的绿色有机蔬菜。”

仿佛看见了在成都时的自己。

还有各种野菜。

野水芹菜捞来炒肉真香，门口的野枸杞叶居然能吃，野枸杞的叶子摘下来用花生米凉拌，真的非常美味。想吃饺子了，就在村里四处转悠，找野荠菜。想吃清明粿了，也在村里四处转悠，找野水菊花或者艾草。

有时候在村里走着，看一眼路边疯长的豌豆尖、葱、大蒜和各种蔬菜，看着它们只能在地里变老，我也不禁叹了口气，实在是吃不济啊。

好在豌豆尖老了会长豌豆，青菜老了会结出青菜籽，大蒜老了，现在正是吃蒜苗的时候呢。

冬天的夏舍，没有一片树叶是绿的。整片林子光秃秃的，连鸟窝都没有个遮掩，就那么明晃晃地挂在树上。一天两天三天，不知道是哪一天树上突然冒出了第一片树叶，鸟窝很快被绿叶遮住，数不清的鸟在天上飞，连大雁都飞来了。

我终于后知后觉地意识到，夏舍的春天竟然来了。

有个卖树苗子的小贩骑着车在村子里叫卖，骑到了家门口，姚工去买了三棵树苗子，一棵梨树一棵桃树一棵柿子树，和奶奶一起用铁锹种在了院子旁边。种下去后我就忘了这三棵树了，直到有一天下午我坐在院子里埋头备课，姚工突然大喊一声：“桃树开花了。”

种下去的树能活下来，这在我的认知里无异于神迹。我丢下电脑跑去院子边一看，桃树竟然真的开出了花，粉红色小小的一朵，那当下这朵小小的花骨朵，给我的震撼胜过我前二十几年赏过的一切繁盛鲜花。没过多久梨树也有动静了，一朵小小的白花在树丫子上冒了个尖。

自从这两棵瘦巴巴的树开花后，春天就来了，像潮水一样涌过来。身边的植物以肉眼可见的速度疯长，就连小耳朵也长高了一大截，真是长势喜人呐。

冬天来时地里的油菜，还是嫩得可以掐下来炒一盘，突然它一天长高一大截，到小耳朵的小腿了，到小耳朵的腰了，到小耳朵的头顶了，到我的头顶了，直到有一天早上起来居然闻到了一阵清香，眼前竟是黄灿灿的油菜花。

冬天来时麦子长在地里，我一个从未见过小麦的南方人，几乎把它当成了小草。小耳朵总是喜欢在麦田里跑来跑去，累了就往麦子上一躺。有那么几天我实在是太忙了，天天都在屋里对着电脑敲敲打打，等我忙完带小耳朵去麦田里玩时却发现，麦穗都抽出来了。

院子旁边那棵大树也开花了，冬天的时候，它干瘪枯瘦，秃到一根绿芽都寻不到，我一度以为这是棵死树，也不知道什么时候等我再注意到它时，竟然开花了，原来也是棵梨树。这是我第一次看到梨花从花骨朵长到完全盛开，满树白花，像是一场声势浩大的雪，有那么十来天村子里全是花香味儿。

白梨花、粉红的桃花、黄色的油菜花、各色的野花、苹果树也开了花，你就听见蜜蜂在耳边嗡嗡嗡个不停。后来这些又突然谢了，但是树上的叶子越来越大，越来越绿，油菜籽越来越肥，马上就要挤破壳跳出来了。

清晨我们带着小耳朵去南边的野地玩，油菜花带着露珠沾在我们的头上衣服上，小耳朵在油菜花田里穿来穿去。

“我们小时候就在油菜花田里捉迷藏，累了就躺在里面睡觉。”

下午我们又一起漫无目的地转悠，这次走得很远，拖着坐在扭扭车上的小耳朵，一路往东，走到了一片野林子，姚工脖子上挂着他的望远镜，现在飞鸟更多了。小耳朵坐在爸爸的脖子上，我们一家三口站在桥上等着货船过来又过去，潮水一趟接着一趟。

这个春天就像潮水一般涌来，它真实发生，但是在此刻疫情的背景下，却如一个美丽的幻象。

·12·

春天的养鸡场

小耳朵趴在鹅窝边安静地看着小黄鹅，眼神里全是温情，就跟他爹瞅着他似的。

从正月开始爷爷就成天念叨家里要抓小鸡养了，但左等右等总不见小鸡的身影。

“什么时候抓小鸡呀？”我问。

“快了快了。”姚仁义同志回答。

然后，一个月过去了。

“什么时候抓小鸡啊？”姚工问。

“快了快了，开春就抓。”姚仁义同志回答。

然后，一个月又过去了。

直到有一天我和小耳朵在村里闲逛时，看见了一辆停在别人家门口的小三轮车，我伸长脖子往大篾篓子里一看，天，这么多小鸡！我赶紧拉着小耳朵直奔回家。

“村里有小贩卖小鸡了，我们是不是要买？”我气喘吁吁地问爷爷。

“不买不买，他的小鸡不好，我们过几天去马沿抓小鸡。”姚仁义同志眉头都皱起来了，脸上写着“嫌弃”二字。那就赶紧去抓嘛，万一我们哪天就回成都了呢，真是急死我了。

终于有一天大清早，姚工急急忙忙手舞足蹈地从外面跑进房间，抱起还在床上的小耳朵就往外跑。

“家里抓小鸡了！”

我立马从被窝里弹起来，跟着就往院子里跑了。院子里居然停着的是前些天我看见的小三轮车！还是同样的那个小贩！真的，姚仁义同志说的话一句都不能信！

小鸡叽叽喳喳在篓子里跑来跑去，小耳朵小心翼翼地伸出手指指着小鸡：“叽！”春天清晨的阳光照在这群柔软的小鸡仔身上，毛茸茸一片，穿着浅黄色睡袋的小耳朵，似乎也变得毛茸茸的，和这些小鸡仔没什么区别嘛！

正在我想着要买个10只20只的时候，爷爷奶奶出手了，非常阔绰，一口气买了80只小鸡！

鸡圈里爷爷奶奶不知道什么时候已经搭了一个小鸡窝，80只小鸡再加上20来只大鸡，整个鸡窝里这100多只鸡，你挤我我挤你，叽叽叽叽咯咯咯咯。当然心情最好的是小耳朵这个养鸡场场主，从此以后：

“小耳朵呢？”

“去看小鸡了。”

“小耳朵呢？”

“在鸡窝边。”

每天一起床，奔向鸡窝，醉心地趴在鸡窝边张望着自己的小鸡仔，全方位地操心着它们的衣食住行。傍晚，拿上小篓子冲进鸡圈，“大鸡大鸡”，直捣大鸡的底巢，巢里面是大鸡今天刚生的蛋，小耳朵动作娴熟，蹲下指着鸡蛋，指挥着一旁的我：“大蛋！”拽住我的手让我去取蛋。大鸡一共在三处地方下蛋，小耳朵对此心里门清，掏完一处，带着我立马前往下一处。

全部掏完，小耳朵拽住拿着鸡蛋的我往房里跑，直到我把这些鸡蛋放入抽屉，和所有鸡蛋躺在一起，他才心满意足地拍了拍手。

春天到了，除了小鸡，还有小鸭子和小鹅。每每安顿完家里的小鸡后，小耳朵便喊上爷爷奔向西边邻居家，他家刚抓了一群胖乎乎的鹅，大鹅脾气很暴躁，但是小黄鹅，却软糯可爱。

小耳朵趴在鹅窝边安静地看着小黄鹅，眼神里全是温情，就跟他爹瞅着他似的。

·13·

春天的集市

大爷骑着二八大杠，太婆围着五颜六色的头巾，卖小鸡的，卖小鸭子、小鹅的，卖秧子的，卖镰刀的，春天的集市，裹在油菜花的香味里，让人幸福得微醺。

听说过几天东夏镇上要赶集，姚工吃午饭时宣布："过几天我们去赶集。"

"是不是要起得很早才行？"作为一个赶集经验基本为零的玩家，我虚心求教。

"不用，不用，八九点去都行！我们东夏的集市大呢，最起码5000人去赶集！"姚仁义同志一口酒下肚。

"5000人？"姚仁义同志你这辈子到底见没见过5000人。

"区区5000人算什么？我们'文革'大串联的时候块块是人！"

好，我信。

赶集那天，小耳朵见我要走，嘴巴一撇就要哭，奶奶见机大喊一声："宝宝，你的小鸡呢？"小耳朵立马直奔鸡窝，完全无视我的拜拜。

亲妈不如亲鸡仔。

我们骑着爷爷那辆动不动就熄火的破电动车龟速往镇上赶去，一路上饱尝了春天清晨的美景以及东海刮来的冷风。

前面渐渐有热闹的叫卖声，拐个弯终于看到了集市，相比较冷清的夏舍，这里确实很热闹，但和姚仁义同志口中的5000人大集市，还是有点差距，估摸着最多200人吧，当然姚仁义同志的话半句都不能信。

不过作为一个久未进城的村里人，我此刻还是怀抱着极大的热情，喜气洋洋地在集市里东张西望左看右摸。大爷骑着二八大杠，太婆围着五颜六色的头巾，卖小鸡的，卖小鸭子、小鹅的，卖秧子的，卖镰刀的，春天的集市，裹在油菜花的香味里，让人幸福得微醺。

远处还传来了哒哒哒的机器声，居然还有卖炮花的！这东西究竟叫什么我实在不晓得，我们小时候管这个叫炮花。每次放学回家，如果看见打炮花的来了，书包一甩，拿上袋子舀上米，还要偷偷去拿点绿豆，冲！

炮花也太美味了吧，尤其是加上了绿豆。把那些绿豆炮花（夏舍人管这叫炒米棒子）一根根套在十个手指上，瞬间就觉得自己坐拥全世界。

路过一个卖衣服摊子，呢子大衣300块一件。好几个月了我每天素面朝天，冬天带来的全是厚衣服，又实在不知道到底啥时候会回成都，想到如果买了衣服，走的时候又大包小包的实在麻烦，于是我抓起衣服便穿，奶奶的裤子、姚工高中时的短袖、小耳朵姑姑的陈年外套……反正夏舍人穿的衣服几乎都是几十年前的款式，在这里时尚有个甚哩用呀。

难得赶集，进了趟城，心里又痒痒的，想着买件漂亮衣裳吧，于是便在路边试起了呢子大衣。正感觉还行时，突然涌来了一个两个三个四个太婆。

“宝宝，你穿这个衣裳好看，真好看。”

“宝宝，这衣服料子好，摸着滑手，可以买。”

“宝宝，喊你男将给你买一件，一件 30 块，还是可以买。”

老板娘刚刚还笑嘻嘻的，一听 30 块，立马大喝一声：“大妈，是 300 块！”

太婆们一听眼睛都瞪得贼大，笑眯眯地把我拉到一边：“宝宝，不要买，太贵了，最多 30 块！”嗓门大得整条街都能听见。

原本我还打算买下呢，一听太婆们那诚恳的态度，着急的眼神，实在是不能辜负啊，再见了大衣！

继续往前走，看见一个太婆摆摊卖小篓子。我们夫妻俩一合计，还是要给我们儿子买个专用的喂鸡篓，毕竟关乎儿子的兴趣发展、学习成长。再穷不能穷教育，再苦不能苦孩子，绝对不能让小耳朵输在养鸡的起跑线上。买它！

·14·

呦喳喳喳

恩过几天再去抓点鹅子养一养，鹅子比鸭子难养嘞。鸭子聪明呢，鹅就是个痴子，笨得很！

爷爷奶奶家不仅养着鸡，屋后头还养着五只陈年老鸭。

自从天气暖和了，鸭就开始下蛋了。恕我无知，在此之前，我以为鸭子和鸡一样，一年四季都会下蛋。

“鸭只有天暖了才会下蛋嘞，寒天里鸭是不下蛋的。”姚仁义同志对这五只鸭可谓呵护备至，“这个鸭我养好了要给我妹妹吃嘞，她身体不好。”

曾经小耳朵只是每天傍晚去鸡窝里捡蛋，自从鸭开始下蛋后，小耳朵每天清晨起来第一件事就是拉着我直奔鸭窝，一日之计在于晨，清晨之计在于捡鸭蛋。

“鸡子今天跑去鸭圈里头生了两个蛋，有个鸭子早上吃了饭出去玩了一转才回来生个蛋。”爷爷向小耳朵汇报今日家里生蛋情况，小耳朵频频点头。

五个硕大热乎的鸭蛋整整齐齐地排在鸭窝里，小耳朵心满意足地又开始了新的一天，操持鸡操持鸭操持着这个家。

傍晚仁义同志打完麻将，放下他的水杯，赶紧去给鸡鸭喂吃的。小耳朵跟着在放粮食的屋里跑进跑出，舀上糠舀上碎麦子往桶里一倒，和上洗锅水和吧和吧，这就是鸡和鸭的食物。不过鸭吃的稍有不同，每天都要吃上一顿螺螺。

“鸭吃螺螺后生的蛋就硬，下的蛋就多。”怪不得奶奶总是去弄螺螺。

“鸭怎么吃螺螺？”

“就生吞吧，恩也不知道，反正就把螺螺倒给它们就行。”这消化能力也太强了。

夏舍几乎每家屋后头都是河，“春江水暖鸭先知”这句话确实说得不丑。春天来了，鸭子明显在河里待的时间长了许多，它们从东游到西又从西游到东，无忧无虑自由自在，和小耳朵旗鼓相当。

等到了傍晚，夏舍河边上就会此起彼伏地响起“呦喳喳喳”，大家都在喊鸭子回家呢。小耳朵总是特别积极，站在岸边或者桥上，逮见鸭子就大喊一声“呦喳喳喳”，喊完乐得咧嘴直笑。有时候鸭子会就着夕阳往回游，更多的时候鸭子玩得忘乎所以，死活不肯回家，和小耳朵旗鼓相当！

只见姚仁义同志把铁锹往肩上一甩：“让妈妈的，鸭子还没上圈。宝宝，爹爹去吆鸭了！”

他往西边直跑，路过二妈家，踏过河上的独木桥，跑到了对岸的油菜地里：“呦喳喳喳！尕来啦！”小耳朵也跟在爷爷屁股后头直跑。

鸭子在夕阳的余晖里，就着金色的水波，终于慢慢悠悠地游回来了。夜幕终于降到了夏舍，鸭子也睡了，小耳朵躺在床上想念着他的鸭子，一骨碌爬起来掀开床单，指着被子上的鸳鸯：“鸭鸭鸭鸭！”

“恩过几天再去抓点鹅子养一养，鹅子比鸭子难养嘞。鸭子聪明呢，鹅就是个痴子，笨得很！”

恨鹅不成鸭！

· 15 ·

孤独终老的自然学家

夏舍的鸟实在是太多了，多到每一棵光秃秃的树上都有一个巨大的鸟窝，多到时不时有雀子飞进我们的房间。

夏舍的鸟实在是太多了，多到每一棵光秃秃的树上都有一个巨大的鸟窝，多到时不时有雀子飞进我们的房间。

“以前树上哪有这么多鸟窝呀，我们成天爬树掏鸟窝，现在村子里都没有小孩了，哪能想到有一天鸟窝都没人掏。”

想起在成都时，有一年姚工心情苦闷，曾经大半夜突然失踪，一个人跑公园里爬树去了，爬完回来还嫌公园里的树太矮。当时我心情略复杂，想着老子怕不是找了个怪胎。

现在在夏舍，姚工反而不去爬树了，每天悠哉悠哉地把观鸟望远镜挂在脖子上，走东走西都带着。有一天下午，姚工兴高采烈地举着望远镜追着一只鸟跑了，那只鸟非常漂亮，嘴巴很长，停在前面邻居家的屋子旁，姚工琢磨来琢磨去，觉得应该是只啄木鸟。后来又翻阅他买来的识鸟书，左对比右对比，最终确认刚刚那只漂亮的小鸟，其实是戴胜。

自那之后他大受鼓舞，更是天天挂着望远镜。

“你挂着望远镜的样子好像一个自然学家噢。”

“那不是很好？”

“但是是那种看起来会孤老终生的自然学家……”

春天天暖和了起来，很多个下午我们都推着婴儿车里的小耳朵出去散步，一边走一边看鸟，当然还有野鸡和野鸭子。野鸡从麦田里突然飞起来，野鸭则在水田里觅食。还有各种喜鹊，停在河边的白鹭，在树林里穿行的野鸽子，还有那些一下子飞过，我们还没来得及举起望远镜看的鸟，以及那些看了半天也实在认不出来的鸟。

当然在夏舍也不是每天都夫妻和谐携手看鸟，还是要吵架的嘛，两个人在一起工作，不吵架真的是太难了。

姚工被我气得在村里疯狂暴走，我默默跟在他身边。两个可怜的人呐，在春天的大太阳底下因为工作忧心、焦虑、愤怒，走过一座桥又一座桥，路过一片油菜地又一片油菜地，走过河边走啊走，直走到一片麦田的田埂上。

忽然我们听到了一阵鸟的尖叫声，抬头看见一张大丝网被张在麦田上，网上稀稀拉拉地留着一些羽毛。姚工快速靠近那张网，在网的最下面找到了那只尖叫的黑鸟。它整个翅膀被网缠住了。

吵还是不吵？这是一个值得思索的问题。是默然忍受小鸟的凄厉叫声，还是放下恩怨共同救鸟？到底哪一个更好？

正当我思索时，姚工已经跑下田埂去救鸟了。一般夫妻吵架总是要有一个时机来冰释前嫌，我家主要是我负责这个重要的事，主要经验就是一定要麻溜又不失热情。这不，我撒丫子就蹲到了姚工边边上，嘻嘻，让我们夫妻携手救鸟吧。

我们蹲在网下想把鸟绕出来，无奈缠得实在太死，我们又没什么经验，这只黑鸟把我们视为危险，一逮住机会就啄我的手。

“不管，一定要把这只鸟救下来，我去他前面捕鸟的这家借个剪刀，问问他卖不卖这只鸟。”我抱着视死如归的气势，想着不卖我就跟他们干一架，让妈妈的，居然捕鸟，太心狠了。

没想到这家人看见我们热情得很：“哎呀，宝宝，我一个时候就去帮你铰下来，说啥哩，不卖不卖，拿回去给小宝宝玩玩吧。”也没有那么狠嘛，人很好啊。

我们就这样把这只鸟救了回来，小耳朵看见小鸟兴奋得很，围着它团团转：“鸟！”

姚工蹲在夹巷里，带着小耳朵，投入地给这只小鸟做窝。小耳朵跑进粮食屋里，慷慨地舀来一大把稻子，又跑进厨房抓来一大把大米：“鸟，吃！”

这只黑色的小鸟，耷拉着翅膀。

“他们尕一直在掌鸟呢，能卖不少钱，卖给别人吃呀。你要不要吃？”奶奶追着我问要不要吃鸟，听得我头皮发麻。

在夏舍人的世界里，哪有“保护生态”这个词，那是城里人的概念，这些超出了他们对这个世界的认知范畴。我只好对奶奶说：“不要了不要了，疫情期间不能乱吃野味。”

好在没多久，小鸟就恢复体力飞走了。

·16·

夏舍
姚大哥

这位弟兄，请你先把尿不湿穿好再走，在夏舍做大哥毕竟还是要有个做大哥的样子。

早上6点多夏舍的烟囱一个个升起了青烟，窗外的鸭子早就叫了好几轮，鸡也咯咯哒了无数回，华山大爷的三轮车已经开出来了，喇叭大叫“请注意……”

刚还躺在我身边的小耳朵“嚯”地站起来，对着窗外大喊一声：“倒车！”

屋外的奶奶就等着孙子这声“倒车”呢，“嗖”地推开我们的房门，喜气洋洋地奔向小耳朵：“宝宝，起来啦！”

好了，这一天算是开始了。

小耳朵第一件事自然是去看他的鸡，我和姚工则各自开始运动时间，他选择跳绳和折返跑，我更愿意在村子里跑步。

这一路上遇见一个两个三个大爷，一个两个三个太婆，他们在村子里佝着背拖着步子晃来晃去，或者就直愣愣地在屋子前杵着。

“宝宝，吃呢？更个（今天）不用上课呢？”

“宝宝，跑步呢！你家小伙呢？”

“宝宝，奔得脸上火烧吧！”

紧闭的房屋、麦田、望着我跑步的老人、烟囱里升起的缕缕青烟，这就是夏舍啊。

村子里有时候也会出现“交通拥堵”，拦住我的往往是一群大摇大摆刚从窝里出来散步的小黄鹅，鹅多势众，这就是夏舍嘛。

姚工拿了三个小耳朵昨天刚掏的鸡蛋，下铁锅柴火灶一煎，香味老远就能闻到。摆好小桌子，院坝早餐开始，咬上一口煎蛋，嫩滑的蛋白和流动的蛋黄裹在一起，哈利路亚！成都的煎蛋为什么没这么美味呢。

爷爷奶奶很少和我们一起吃早餐。

“到多晚呢，我们早切过呢。热天人家做活路的，再过个时候都要尕来了，晃晃都要烧中上的饭了。”一看时间，才 8 点。

早上揭开夏舍每家的大铁锅基本都是白粥，清早用新米煮的粥，或者用昨晚的剩饭烫的粥，就着咸豆腐和咸菜，吸溜吸溜很快一碗粥就下肚了。

“不切粥啊？切甚哩牛奶，粥是非常有营养的。”姚仁义同志和奶奶顶看不上我们吃的早餐。

我们吃着吃着，身边往往已经神不知鬼不觉地站了一圈邻居，个个盯着你望，当然主要是望小耳朵。他们看小耳朵一个人坐在餐桌椅上，双手并用胡乱抓吃的也不用喂，感到万分震惊。于是观摩小耳朵吃饭成了夏舍村民们一个重要的娱乐项目，小耳朵嘛也万分配合，总是把盆子里的吃的一把抓起来，给一个个围着他的邻居送过去。

“这个戏阿里好玩呢，恩们这块哪有像你家小伙这样的，都是块块追着喂。”

“你们这个小伙，是我们姚家第一个这么小就自己吃饭的人！”

老爷笑嘻嘻地望着小耳朵。

在众人的瞩目下，小耳朵一个时候便喝下一瓶奶，吞下一个煎鸡蛋。众人感到心满意足，一顿早饭下来，整个夏舍都洋溢着饱足感。

吃过早饭，反正小耳朵和夏舍人都没甚哩事情要做，碰上周末，我也不急不忙，那就一起去散个步吧，往东往西奔北走南，总之，现在夏舍的每条路我都了然于心。

记得刚来夏舍时，个个说话指路都是：你朝北走，南边有个大围，大铁桥你往东走再往南。可是我从小是在丘陵地带长大的，山路绕来绕去的，哪分得清东南西北，频道一下子没调对，整日像个没头没脑的苍蝇在苏北平原上的夏舍四处乱转。

不过很快我就找着北了，平原条条大路笔笔直直，东就是东到底，西就是西到头，没什么花花绕绕。这么说吧，刚来夏舍时家里没有无线网，每次要用网时，我们就把小桌子往院子里一放，电脑往桌子上一搁，别说隔壁家的网络，就连远处姑姑家的网络都信号满格，这就是平原，没遮没拦。

而且在夏舍大家设置密码也和平原一样，没什么花花绕绕，不约而同8个8。整齐、痛快，不就一个网嘛，有多大个交易啊？年一过青年人一走，谁还用个网啊？用奶奶的话就是：“这个网网甚哩呀？又掌不到个鱼有甚哩用啊？”

一说到网，我们这些个青年人就扯个没完，还是回到东南西北。

南边走到头很快就是南大围了，再向前就没路了，是大沿河了，河对面的乡亲们管我们夏舍人喊“河北人”，我们也很客气管他们叫“河南人”。往西倒是可以走上很远，只是要走田埂，天热了时不时还窜出条蛇来，不敢乱走。往北走着走着就人迹罕至了，再加上冬天寒鸦一叫，这哪是散步啊，简直是步步惊心。

南勘北探后，发现还是朝东走安逸些，人多路好。东边还有个大铁桥，走过大铁桥就是楼王镇的地界了，旅游不也兴个跨境游嘛，才显得高端有异域风情。于是，我便终日或推或拖带着小耳朵一路向东。

刚来时，谁都要问：“你是谁尕的呀？姚大尕的？”

小耳朵爷爷兄弟五个，在夏舍他们的代称分别为：姚大、姚二、姚三、姚四、姚五。他们的妻子分别为：姚大妈、姚二妈、姚三妈、姚四妈、姚小妈。他们家的其他人分别为：姚大尕的、姚二尕的、姚三尕的、姚四尕的、姚五尕的。

平原就是平原，连称呼都如此整齐一目了然，完全没有任何花花绕绕。

我也老老实实地回答：“我是姚大尕的。”众人颇为满意，点点头。“在夏舍，谁人不认识恩姚大啊？”姚仁义同志这话确实说得不丑。众人看着小耳朵，尤为满意：“你尕三代姚大。”这话确实说得也不丑。

爷爷是老大，名副其实的姚大，姚工兄弟一个，小耳朵目前也是兄弟一个，可不都是姚大嘛。以至于现在我拉着小耳朵散步，众人见了都纷纷喊他姚大哥，小耳朵似乎对这个称呼格外中意，这次回家跑进跑出都念念有词：“宝宝，姚大哥呀！”

这位弟兄，请你先把尿不湿穿好再走，在夏舍做大哥毕竟还是要有个做大哥的样子。

·17·

舅爹爹

舅爹爹可是这一片有名的兽医，回回来夏舍不是被东家请去看鸡子，就是被西家请去看鸭子。

小耳朵在夏舍那可不只是人们口中的姚大哥这么简简单单平平淡淡，等到3岁的萱萱一过来，众人都要恭恭敬敬地喊上小耳朵一声“叔叔”。

“萱萱，快去找小耳朵叔叔玩。”

“萱萱，小叔叔摔倒了，快去扶起来。”

“萱萱，小叔叔哭了，快去哄一哄小叔叔宝宝。”

嗯？小叔叔宝宝？感觉不是很对劲呢。本着长辈要有个长辈的样子，我和姚工总是教导小耳朵当叔叔要有个当叔叔的模样。

“小耳朵，快去把玩具拿出来给你的大侄女玩一下。”

“小耳朵，快带着你大侄女去看一下你的大鸡。”一说到大鸡，小耳朵立马热情洋溢，但城里来的大侄女很怕鸡，总是无情地拒绝小耳朵叔叔看鸡的邀请。

小耳朵这个大侄女胖乎乎的，吃嘛嘛香，3岁的人生中，最苦恼的事情是被晒黑和减肥。“大奶奶，我要减肥。”是的，我是她的大奶奶，在夏舍我也不仅只是大嫂子这么平平常常。

这一切都得从小耳朵的舅爹爹说起。

舅爹爹是小耳朵奶奶的亲哥哥，也是姚仁义同志的亲表哥，姚仁义同志和姚大妈用夏舍的话说就是做了老亲，用我们现代的术语便是近亲结婚。

当年姚仁义同志家穷得叮当响，妈妈 39 岁就死了，就死在大沿河里，出去捞水草淹死了。

他爸一个人养 6 个孩子，每顿饭他就给每个人夹两根萝卜干，老爷那个时候才 4 岁，没人看一个人在外面到处跑，困了就躺在马路上睡。

实在是太穷了，所以当时 17 岁的姚仁义同志才选择了去当兵，当兵就是为了可以吃顿饱饭，他和四爷都去当兵了。姚仁义同志当吹号兵，四爷在部队里养猪。

当兵四年，国家给了 90 块钱的退伍费，回到尕里连个睡的铺都没有。这么穷困潦倒，自然是娶不到媳妇儿，这时奶奶的妈妈，不忍心看大侄子打光棍，强行要求奶奶嫁给了姚仁义同志。

所以姚仁义同志和舅爹爹那是亲上加亲，两个小老头感情好得很，终日亲切往来。

舅爹爹是一个天天笑眯眯的小老头，养了两个高高大大的儿子，萱萱是姚工大表哥的孙女，管姚工喊爷爷，可不就管我叫奶奶吗?那小耳朵确实是叔叔呀!

记得当初我第一次跟姚工回家时，萱萱爸爸——一个高大威猛的大老爷们，看见我张嘴就喊："大妈！"当年才 20 出头的我，陷入了人生的极大考验中。

舅爹爹已经 80 岁了，本来要办大寿的，谁知道让疫情搅黄了。年刚过，村上的大喇叭在苏北平原不知疲倦地播着，"河南"广播的传到了“河北”，“河北”广播的传到了“河南”。

“疫情期间，大家不要串门不要做事情，保护自己保护他人就是为国做贡献。”住在“河南”楼王镇的舅爹爹，硬是为国做了一次贡献，别说办大寿了，连过我们“河北”来都做不到，大铁桥早就被一块铁板钉死了出入口。

这可真是憋坏了舅爹爹，80 岁的舅爹爹平日里总是踩着他的三轮车去楼王街上逛耍，每天都要去，风雨无阻。要么就踩着三轮车跨过大沿河，踩过大铁桥，从“河南”来到“河北”的夏舍，来我们家耍。

这疫情一来，舅爹爹硬是生生只能憋在家里，家中晚辈每日轮番给他打电话叮嘱，千万别出门别上街。终于挨到疫情稳定，大铁桥的铁板撤了，舅爹爹麻溜地就踩着三轮车来找小耳朵玩了。

中上坐在一起吃饭，舅爹爹一如既往笑眯眯地坐在桌子前，简直就是老年版的姚工，对姚仁义同志的劝酒一如既往，纹丝不动。我对舅爹爹每天在街上的行程感到非常好奇。

“舅舅，你到镇上逛街，一般都干点啥呢？”

“恩就踩着三轮四处晃晃看看吧，坐着和朋友玩玩吧。”想到一群 80 多岁的老头子，风雨无阻几十年如一日，聚在一起逛街，坐着拉呱闲谈，我就觉着乐得不行。

当然我们舅爹爹可不是姚仁义同志这种终日沉迷于玩乐的人，舅爹爹可是这一片有名的兽医，回回来夏舍不是被东家请去看鸡子，就是被西家请去看鸭子。

姚仁义同志每次说起舅舅这个兽医的手艺，都是一脸不屑。“恩当年当兵回来不也去干校学习了 40 天兽医？恩后来不高兴做罢了。”

姚仁义同志的人生，用奶奶的话就是“没灰过一天，如果有那也是因为自己不高兴做罢了”。

“恩前些日子上北边给人家养鸡场给鸡子打针呢，600 多只鸡子。”舅爹爹对姚仁义同志的不屑完全不介意，依旧笑眯眯。

“600 只，那不是要打好几天？”姚大瞪大他的小眼睛惊奇地发问。

“哪要那么久，一个时候就好，最多 2 个小时。”舅爹爹眯着他的小眼睛云淡风轻。

一个 80 岁的老爷子面对 600 多个聒噪的“患者”，从容不迫手脚生风，我属实心生感佩，不禁端起饮料敬了舅爹爹一杯，为表敬意，我一口就干了，舅爹爹笑眯眯。

怎知这一干完全改变了我后来在亲戚间的风评，之后无论我啥时候去舅爹爹家吃饭，舅爹爹必备三大瓶各种口味各种型号各种品牌的饮料，逢人就指着我说：“宝宝喜欢喝饮料呢。”我……以至于后来我去谁家吃饭，刚坐上桌都会“啪”一瓶饮料杵在我的眼前：“你喜欢喝呢，多喝点！”

行吧，那还客气啥，干了！

·18·

娘喊千里

养儿当然要强自父，养儿不如父，还要田做甚哩呢！

“我们这个五口家庭，是夏舍目前最大的家庭，是一个幸福的家庭。”吃饭时姚仁义同志总要抒发一下他的幸福之情，望望儿子望望孙子，姚仁义同志感到此生无憾，心满意足。

“要吃大米饭，条粉、洋芋这些有甚哩吃头呀？”姚仁义同志盯着他家的继承人小耳朵，“我们小耳朵呀，要站起来，强起来，富起来，以后要当教授和大将军！要比爸爸有出息呢！”

说着姚仁义同志已经带着小耳朵去院子里踏正步了：“一二一，一二一。”

奶奶追在小耳朵屁股后面：“不晓得你在瞎说甚哩！养儿当然要强自父，养儿不如父，还要田做甚哩呢！”

接着就会响起姚工冷淡的声音：“他就是个很普通的小孩，你们不要东想西想。”

小耳朵对大人的这些讨论充耳不闻，他满心欢喜，一心只想着玩。

吃完饭张罗好鸡，小耳朵就开始了他一天的社交生活。不知道怎么回事，他对葱情有独钟，满村疯跑，就为辣手催葱。只要瞅见葱，他两眼就放光，立马冲上去拔下就跑，村里怕是没有哪家的葱没有惨遭毒手。

他一路往东边跑，追逐着葱花。当然也不是只拔葱，花花草草，大蒜、豌豆尖、麦子，只要能拔的东西，他都乐意一拔。

夏舍的老人们和小耳朵一样，每天喂了鸡就没什么事好做了，于是他们和小耳朵一样，从村东头晃到村西头，从麦田的田埂晃到油菜花地，走啊走啊走啊，终于和夏舍唯一的小孩遇见了。

大爷太婆们列好了队。

“宝宝来玩噢，来恩家切好好（好吃的）噢！”

小耳朵坐在扭扭车上，脸上平静而祥和，如果打招呼的人他眼熟，他便举起左手冲对方摆摆手，真诚而不失矜持，稳重又不失热情，这其中的分寸把握实在是令人叹服。

被打招呼的太婆和大爷们就像被开了光似的，奔走相告。

“看，小伙认得恩呢。宝宝快去恩家切好好！”

没被打招呼的大爷和太婆心有不甘，半蹲着身子追着扭扭车，脸都凑到小耳朵眼皮子底下了。

“宝宝，不认得恩呢？到恩家玩呢，恩家好好多着呢。”

争宠之风日益在夏舍老人间盛行。

小耳朵颇受鼓舞，至此出门，无论路上遇见谁，老远就开始招手，俨然已是夏舍的社交之星。

完成了一天的拔葱社交，鸡蛋也取了，晚饭观摩会也结束了，该睡觉了。

白天一派姚大哥作风，但一到晚上小耳朵就露出了小奶娃的本相，一到晚上就叽叽歪歪，半夜睡醒，一下没找到奶即敞开嗓门号哭，哭声立马贯穿原本万籁寂静的夏舍。奶奶为此忧心忡忡，觉得自己的大孙子是灵里受到了搅扰。

为此自从小耳朵来到夏舍，奶奶晚上都要进行一项神秘的活动。

只见她取出两根绣花针，掏出一个小瓷碗，把针往碗里一放，倒上水，站在房门口扯着嗓子大喊，尾音拖到万里长。“阿宝不怕啊，回尕跟妈妈觉觉阿———”她称此项神秘活动为“娘喊千里”。

第二天一早她胸有成竹地掏出小瓷碗给姚工看：“针沉下去了吧，恩说了宝宝晚上总醒是被吓到了，恩晚上再叫叫。”

末了还要拉住我，情真意切地再三表示，要将此等神秘的手艺传承给我。“你上成都了，就要自己喊了！”

·19·

田边菜场

下午的日头晒在河里也晒在岸上，晒在螺螺上也晒在水菊花上，天蓝得没有一丝云，小耳朵在岸边兴奋地拾着奶奶扔上来的歪歪，手上、脸上、脚上全是淤泥。

夏舍连个在墙上写着商店的小铺子都没有，在这里买点什么吃的东西，直接去田边。

春节刚过没多久，夏舍开始吃荸荠，三五成群地邀伴：“大妈，去买点荸荠切切呢。”我骑上电动车风驰电掣一路奔北，经过姚工曾经的小学，听到羊叫，拐个弯，看见一大片水田，再往前骑一点，就看见一群人裹着五颜六色的头巾，穿着及腰的渔民水裤，全身上下全是淤泥地散落在田埂、田里、小路上。

卖荸荠的老板，剪着齐耳的短发，这是夏舍女人的统一发型，她们几乎都和小耳朵奶奶一样一辈子都没留过长发。“留头发做甚哩呀？做生活又碍事，洗起来麻烦得很。”在夏舍一切以实用为重点，什么是最实用的？做生活苦钱是最实用的，一头秀发不仅对此毫无益处，还碍手碍脚，当然没有任何存在的必要，毕竟美这个东西在夏舍实在是可有可无。

这个老板，身上已经全是淤泥，连脸上也糊着淤泥，头发毛毛躁躁，但是整个人却挺拔得很，脸上的线条清晰分明，像个男人一样，眼睛看向我时，我便知道这是一个了不得的女人。

眼前这根本看不到边际的水田，全是这个女人家里种的荸荠，这些裹着头巾的大妈们，是雇来采荸荠的。

“20 多亩田哩，全种的荸荠，凶哩，苦到钱呢。”

听到我们说要买荸荠，老板穿着齐腰水裤，一个箭步就跳到了田埂上，拿起网子开始捞水里的荸荠，田里一个个全是淤泥的蛇皮口袋里已经装满了荸荠。

我很爱吃荸荠，但是却从未见过长在田里的荸荠，小耳朵和我一样，都是没见过世面的人。于是两个都没见过世面的人，蹲在田埂上，撅着屁股探着脑袋使劲张望。想起在成都的时候，荸荠总是贵得让我咬牙切齿，可是在夏舍，这些漫漫水田里四处疯长的荸荠，便宜得让人咂舌。听到老板开声说一块五一斤的时候，我恨不得立马买上一蛇皮口袋扛回家，事实上，我确实买上了一蛇皮口袋……谁能想到有生之年我竟然能实现吃荸荠自由呢。放开手脚敞开肚皮，吃！刚从水田里捞出的荸荠，咬上一口，又脆又甜，满口清香，我和小耳朵走东走西都要往兜里揣上几个。

就这么来来回回去田边买了很多次，生着吃、煮着吃、炒肉吃、晒着吃……直等到老板宣布今年田里的荸荠已经收完，只能等来年了。我心里颇为遗憾，没想到奶奶倒是欢欣鼓舞，立马邀上隔壁的二奶奶，拎上小量子，穿上水裤，一人一辆破自行车风驰电掣地就赶去了荸荠田。两个人撅着屁股双手在水田的淤泥里一寸一寸来回地摸找，一上午的工夫竟然捡回来一大篮子荸荠。

没多久，水田里的藕也熟了，要买仍旧是去田边，硕大的藕段子，从淤泥里拔出来，往岸上一扔，买的人就在岸上拿走。那段时间夏舍家家户户都在吃藕，奶奶去做活路回来，东家也总是塞上几段裹着淤泥的藕，生着吃、煮着吃、炒肉吃、煮汤吃……吃到最后，算了，喂鸡吧！

荸荠吃完了，藕也吃腻了，没关系，田边菜场还有很多惊喜。

苏北平原的太阳特别大，只要太阳一出，天气立马就暖和了。我们坐在院子里晒太阳，奶奶忽然穿上齐腰水裤，提着个小量子又准备和二奶奶一起出门。我适时拦住了她们："你们俩又去整啥？"

"西边河塘里换水，塘里有很多螺螺和歪歪（蚌），去拾点吃吃吧。"

一家人有福同享，有螺螺拾这种大事岂能撇下我？

"我也要去！小耳朵也去！"儿子，这么重要的事情，妈是一定要带上你的。姚工不愧为丈夫界的楷模，立马表示支持："我可以在岸边带小耳朵。"

"跟着恩去拾螺螺做甚哩呀，就在家里玩玩吧。"姚大妈总是觉得做这些活路是很不体面的，但迫于我的软磨硬泡，只得去给我找来一条齐腰水裤。

没想到我也能穿上这么酷的裤子，我曾一度怀疑巴黎时尚周上那些长筒靴的灵感，肯定来源于此。第一次穿实在没什么经验，左弄右弄整不好，我索性把姚大妈晒在绳子上的花头巾扯下来往腰上一系，再把水裤的背带往头巾上一绑。嚯，这身行头别说去拾螺螺了，感觉都可以上梁山了。

姚大妈在我们左弄右弄之际，早就等不及了，自己提着小量子先跑了。姚工扛上小耳朵，我提上小桶，小耳朵的表姐也跟上，赶紧朝西直奔到河边。

河里全是淤泥，我看姚大妈站在河中间，淤泥已经没到大腿，但她如入无人之境，丝毫没有费力的感觉。可是我一踩下去就糟了，陷在淤泥里动弹不得，只能望姚大妈兴叹。

河里头躺着一个又一个硕大的螺螺，把手伸进淤泥里挖来挖去，还能挖出很大的蚌壳，我穿着水裤，在淤泥里艰难跋涉，恨不得手脚并用开始爬。实在是累了，我拔起腿来，一屁股坐在岸边，却发现岸上长满了水菊花，怎么会有这么多幸福的事情接踵而至呢。水菊花是我老家过清明时做清明粿必备的野菜，想到以前妈妈做的清明粿就开始咽口水，赶紧一跃而起，采起水菊花来，想做清明粿给小耳朵尝尝。

下午的日头晒在河里也晒在岸上，晒在螺螺上也晒在水菊花上，天蓝得没有一丝云，小耳朵在岸边兴奋地拾着奶奶扔上来的歪歪，手上、脸上、脚上全是淤泥。

阳光真是灿烂。

·20·

美梦一场

我才突然恍然大悟，蔬菜原本是有时节的，沃尔玛超市里时时刻刻都有大蒜，时时刻刻都有上海青，让我早就忘了四季了。

我们已经在夏舍待了三个多月了，眼瞅着都要立夏了。

夏舍的计时都是这样的：

“立春嘞，慢慢就会暖和了。”

“惊蛰嘞，天气就是要返潮呢。”

“清明后要去抓小鸡嘞。”

“要去逢集了，谷雨后要下秧子了。”

“马上立夏一过，蚕豆就能切了，再过一个时候就要收麦子了。”

现在已经不能在做饭的时候跑去菜园子里匆匆忙忙掐一把大葱了。

“大蒜早就老嘞，蒜苗都出来了，不能吃啦。”爷爷拦住有一天正往菜园子里跑的我。

我才突然恍然大悟，蔬菜原本是有时节的，沃尔玛超市里时时刻刻都有大蒜，时时刻刻都有上海青，让我早就忘了四季了。

这三个月我们已经慢慢从成都时间转变到了夏舍时间，时间在夏舍不知道为什么似乎延长了一倍，但心里却轻快快的。早上 6 点多太阳出来我们起床，10 点半就开始张罗做中上的饭，太阳下山时夏舍家家户户烟囱里又升起了青烟，真正的日出而作、日落而息。

在成都，一年四季365天有300天是阴天，冬天的雾霾让小耳朵每天晚上都咳醒，在夏舍小耳朵几乎从来不咳嗽。

这三个月在夏舍，我把过去几年缺的太阳几乎都补回来了，没见过的日出日落、晚霞星空统统都补了回来，虽然已经黑得像当年刚骑完川藏线似的，但还是依旧每天忍不住出来晒太阳。小耳朵就别提了，他4岁的小堂姐非常诚恳地对我说：“弟弟挺可爱的，就是太黑了。”姑姑也在一边补刀：“黑得像山里出来的娃。”

要不干脆改名叫铁蛋吧！

奶奶非常不服：“黑是一条汉，白是王八蛋！”

有时候晚上小耳朵睡着了，我和姚工会走出屋子，站在院子里，看一看天上的月亮，有时候月圆有时候只有月牙，银灰色的夜色下，夏舍清清楚楚。

“以前的人晚上就是就着这样的夜色赶路的。”

时光被这月色穿透，小耳朵小时候，我小时候，我妈妈小时候，还有我妈妈的妈妈，一代又一代人虽然在地上更替，可是我们却永是站在同一轮明月之下，这让我感到非常安心。

“我要去夏舍看你和小耳朵！”

我姐在电话里送达了她的决议。

“夏舍是不是什么都有？”

不要激动，就是乡下而已。

俗话说，有的人听风就是雨，我姐姐不是的，她比较不一般。

她这个人听风就是雷阵雨，春雷滚滚大雨倾盆，然后她就到了。等她开启位置共享时，已经离我只有不到300米了。

“大姨来，你要提前告诉我嘛，我好杀个鸡子！”仁义同志感到措手不及。

我姐从她巨大的SUV上下来，一口红唇，足蹬老爹鞋，身穿粉红色卫衣和黑色皮外套，然后她就看到了我。

“我这辈子从来没见过你这么黑的时候！”

黑是一条汉，白是王八蛋！城里人真的是不知道我们夏舍的时尚。

姐姐给爷爷买了两瓶酒，我拎给姚仁义同志，他眼睛笑成了一条线，终于来了一个懂他的人！中午姚仁义同志摸出了他珍藏的好酒，和姐夫推杯换盏，两个人的友谊迅速地建立起来。

“你姐夫很好的一个人，我们很聊得来，我们都喝酒，都抽烟！我儿子从来不陪我喝酒，也不让我在家里抽烟。”委屈巴巴地控诉。

“你姐姐也是很好的一个人，我们晚上看的是一样的电视剧！你姐姐看起来很温柔，这个从面相上就看得出来比你温柔。”眼睛里冒着泪花。

每一个来我们家做客的青年女性都要被姚仁义同志夸温柔。“比你看起来温柔。”

那当然，我嘛，很凶的！我姐深有体会。

“她以前在家里动不动大发雷霆，我都怕她，她一发脾气，我们全家都不敢吱声。”听到我姐这么一说，仁义同志拿着酒杯，眼泪已经快流下来了。

命运哪，你为何要如此捉弄姚仁义同志，没有温柔的妻子就罢了，连个温柔的儿媳妇也没捞着。

酒足饭饱，我们一起带着小耳朵在夏舍东游西逛，夏舍也没啥娱乐项目，要么从村东头走到村西头，要么从南大围走到北大围。在围观完隔壁二爷在河里撒网捕鱼后，我们决定带他们去参观一下我们夏舍赫赫有名的大铁桥。

姚仁义同志趁着我们在外闲逛，他已经满村去张罗了，买龙虾、找黄鳝、杀鸡宰鸭。

夏舍大家都伸长了脖子。

“宝宝，这个是你姐姐呀？”笑眯眯的文勇大爷刚从南京女儿家回来。

“宝宝，姐姐从哪里来的？”上次给我塞生鸡蛋的大妈拦住我。

“宝宝，你怎么不和你姐姐一样高？！”隔壁伯华大爷一脸震惊。

我姐颇受村里人热情的感染，整个人喜气洋洋地跟着我在村子里闲晃。

走着走着，姐姐突然盯着我。

“我这次来很开心，感觉你变了。”

嚯！终于比你黑了撒！

“以前你总是动不动就咬牙切齿要发脾气，我是真的怕你。但是现在很不一样，感觉很淡定，变得接地气了。”

毕竟我现在是夏舍的大嫂子，今非昔比了。

当然开心总是短暂的。就在我洗完澡回房拿出一件不知道从哪里搜罗来的旧衣服，准备折好明天穿时，姐姐看了一眼那件十几年前的旧衣服，顿时感到快要晕厥。

第二天，她扔下自己的两件衣服就跑了。不仅如此，回去的路上她又煽情起来，给我发肉麻的信息。

“这次来看见你，你总是满脸笑容，我真的特别高兴。”

啥子哟！难道我以前天天苦大仇深？

“反正好久没有看到你这么开心过，总是发愁的样子。上次看到还是小时候。”

万万没想到这么多年来，我竟是真的如此苦大仇深……

不过小时候我确实是个绝对快乐的小崽子。

我是在鄱阳湖边长大的，每天也是看着日升日落，总是黄昏的时候爬到山顶看着山下鄱阳湖里的渔船收网，从金色的夕阳里驶近码头，山下青黑色的屋檐上炊烟升起，妈妈们站在院子门口大喊一声：“崽，快回家吃饭啦！”我们这些在山头打滚的野孩子，马上便呼哧呼哧往山下飞奔，长长的陡坡，下山时风在耳边的声音，风中栀子花的香味，统统装进了我的心里。

那天中午姐姐走时，夏舍刮风下雨，她走后，我倒头睡了一觉。醒来走出房门，却发现外面阳光明媚，然而我心里忽然生出一种似曾相识的惆怅，就像每一个暑假即将开学时一样，我心里总是很忧愁。

那天中午的惆怅也许是因为我忽然想到，夏舍总归只是我的美梦一场。

只是这场美梦，何等甘甜。

·21·

我们家的姚仁义

在夏舍谁不认识恩姚大啊？恩打个电话谁不来打麻将啊？

在我们都要上课，奶奶又要上工的日子，姚仁义同志只能独自扛起带小耳朵的重担。

姚仁义同志的日程表原本是 10 点半就酝酿吃午饭，11 点放下碗就跑去打麻将。刚开始来夏舍时，我不懂为啥爷爷一到吃午饭就如此火急火燎，70 岁的人了怎么总是跟个愣头小伙似的饿成这样？后来终于恍然大悟，原来是我们生生耽误了仁义同志的抢位赛。毕竟村子里人烟稀少，凑齐一桌老头打麻将确实不容易，只此一桌再无他处，姚仁义同志终日摩拳擦掌，磨刀霍霍向麻将。

可是带孙子这件事在他心中的地位也不可撼动。“带孙子第一，打麻将第二！”仁义同志大义凛然，抱起小耳朵。

他把小耳朵往身前一抱，抱姿非常奇特，小耳朵面朝前，背贴着爷爷，直立立地被爷爷用两只手箍住腰，也不托住屁股，悬空立着。虽然我看着觉得这姿势应该很不安逸，但小耳朵也不气也不恼，似乎还挺享受。村子里每个人看见他这样抱着小耳朵，都要对我说：“你家男将小时候就是这样被抱大的。”

原来是祖传抱姿，还是要珍惜。

两个人就开始在夏舍晃晃悠悠。

最近两个人的主要娱乐项目是去北边看挖掘机。每个男孩从1岁到70岁，哪个不梦想拥有一台挖掘机呢?

往日这项娱乐活动爷孙俩都感到心满意足，可是周六下午我正坐在巷子里头吹着穿堂风给学生上戏剧课，老远就听见了小耳朵凄惨的哭声。不到一会儿，等我抬起头来，眼前站着哭成泪人的小耳朵。

“我没有摔倒他！就是在北边看挖机！他就是一直哭！”姚仁义同志急切惶恐地向我报告，眉头蹙起，嘴巴往下瘪，也快哭了。

两张哭唧唧的脸凑到我的眼前，一时之间竟不知道该先安慰谁。

当时急着上课并没有仔细查看小耳朵，一直到傍晚无意间摸到他的耳朵，才终于破了案。小耳朵的耳朵已经肿成泡发红银耳，罪魁祸首肯定是蜜蜂！真不愧为“夏舍福尔摩斯”！晚饭时我喜滋滋地把破案结果告诉了姚仁义同志，只见仁义同志神色忧愁，一口接一口地喝酒，眼睛里还冒着泪花。

“孙子咬成这样恩心里愧疚呀。”我赶紧拍拍他的背，安抚他受伤的心：“没事的，被蜜蜂咬一下多正常的嘛。”

“你说带个戏阿里责任有多大。我再也不带了，我明天就去打麻将，让你妈带吧！她这个人不行，天天就知道苦钱，心里根本没有孙子，脾气还大，一点都不温柔，要是年轻的时候这样，我早就把她休了！”

谁承想故事竟然会发展成了这样呢？姚仁义同志的逻辑总是非常清奇。

既然说起了姚仁义同志，那还是好好说一下吧，但真的三天三夜也说不完。

先从他的人生信条开始往下说。

姚仁义同志的人生信条大概是“如果 ××××，就把我的头剁下来！”

“如果这个鸡子不是野猫子咬的，把我的头剁下来！”

“如果更个下晚（傍晚）下雨，把我的头剁下来！”

总之他的头始终处在血雨腥风中，过的是生死一线的人生。

我们从沿河里买来了一袋子草鱼，奶奶找来家里的网笼子，准备养到尕后头的小河里。姚仁义同志走过来：“哎呀，刺（杀）了刺了，这玩意养不活的。”

“卖鱼的老头说养在河里能活好几天呢。”

“能活到明天，就把我的头剁下来！”姚仁义同志斩钉截铁。

奶奶理都不理仁义，把草鱼倒进网笼子，拎到河里，绳子往船上一系。

第二天一早我急急忙忙起来察看鱼的情况：“鱼活蹦乱跳，活得好好的嘛！你的头可以剁下来了！”

“恩等下要去楼王镇上，给宝宝买点虾子嘞，宝宝呢？”姚仁义同志脸皮忒厚，嬉皮笑脸，开始岔开话题。

除了要剁头，仁义同志还突然有一天主动提出，如果自己再在尕头抽烟就罚款 100 块，要知道 100 块在夏舍可是一笔巨款。当时一时喝多，事后骑虎难下，我时时刻刻在盯着姚仁义同志抽烟，遇上我这么个较真的人，姚仁义同志感到命里犯冲。

才几天就憋不住了，躲在房间里抽烟被我抓了个现行。

“100 块拿来吧。”我伸手到他鼻子前，铁面无情。

“是小耳朵一定要把香烟给我抽的。”姚仁义同志厚颜无耻，小耳朵四顾茫然，我怒发冲冠。

除此之外，对于自己，姚仁义同志还充满了谜一样的信心和认知，无论是威信、长相、知识水平，还是阅历。

“在夏舍谁不认识恩姚大啊？恩打个电话谁不来打麻将啊？”仁义简直是夏舍麻将委员会会长，成天操持着组局大业，窝在房里的椅子上，给这个老头打电话给那个老头打电话：“来打打小麻将吧。”人家一个两个的忙得很，只有你仁义同志每天吃吃玩玩，甚哩事都不做。

“我年轻的时候长得好咧，人家都说我是小白脸。”姚仁义同志说当年追他的女人多咧，要不是家里太穷，要嫁给他的女人，排队都排到隔壁楼王镇上了。当然最后却因为家穷，万般无奈之下娶了自己的表妹。

“你妈妈就是一个农妇、文盲，她懂甚哩呀？天天就知道苦钱！”姚仁义同志时常戴上老花镜坐在躺椅上看书，并且他大手一挥，非常肯定地告诉我：“恩看这些书学到了很多东西。”

姚仁义同志初中毕业，有时候喝多了也说漏嘴：“恩上初中那会儿‘文革’咧，哪里上什么学，三天两头出去大串联，其实就是小学水平。”事后又老想找补：“恩大串联还是学到了很多。”我这个人吧，致力于无情揭露真相：“可拉倒吧你！就是骗吃骗喝！”

“中国恩去过的地方多咧。”生在江苏，当兵在安徽，去上海打过工，一生就混迹过这三个地方，当然心怀天下，梦里踏遍千山万水也行吧。

“恩那个时候在上海从事市政相关的工作。”我看着曾经在市政设计院工作的姚工，没想到原来是子承父业。

“他就是在上海工地上帮别人看门。”

说到我们不久后要回成都，他嘴硬得很：“你们走了恩就可以把战友喊到尕头来打打小麻将了，恩还能在尕里头抽烟了！”

结果咧，夜深人静的时候再想起这件事，姚仁义同志忽然一蹶不振，躺在摇椅上，用手臂挡住眼睛掉眼泪，嘤嘤嘤，恩舍不得恩孙子，你们就留在尕里吧，恩有钱！

总之，70 岁的人了，真的让人一言难尽。

·22·

村里的
休闲娱乐

这世上有人爱打游戏有人爱看书有人爱运动，而夏舍的村民们，却热情洋溢地爱好着做鸡窝这一项有益于身心健康的娱乐项目。

最近夏舍突然变得忙碌起来，西边二爷在家里拿着电焊做鸡窝，东边伯华大爷也在家里拿着电焊做鸡窝，就连前头的华山大爷也在做鸡窝。款式差不多，都是用生锈的铁管焊成长方形，然后围上铁丝网和绿色的丝网，伯华大爷家还给披上了塑料，非常豪华。

看看邻居家的鸡窝，再看看我们家的鸡窝，不禁悲从中来，人家的鸡住着的是总统套房，我们家的鸡只有两间漏雨的瓦舍。

小耳朵这个养鸡场场主，对自家鸡落魄的生存环境完全不在意，每天跑去西边二爷家看他家刚抓来的50只小鸡，接着又往东边伯华大爷家跑，左手扎带右手卷尺，在还未成形的鸡窝里钻进钻出，俨然一个鸡窝包工头，连喊他一起去抽竹笋，他都无动于衷。

“你家小伙直捣直捣的，忙哩，一刻不得闲。”全夏舍最勤劳的村民就是小耳朵，这一点整个夏舍的人早已达成了统一看法。

伯华大爷家也刚抓了几十只小鸡，现在养在院子里，小耳朵每天也是要去察看好几趟才行。加上前头华山大爷家也抓了小鸡，小耳朵忙里忙外操心着近200只小鸡，加上每天还要去给几十只大鸡捡蛋，业务真的非常繁忙，一心扑在鸡上，恨不得24小时蹲在鸡窝里，拉都拉不出来。

有时候我们只能痛下狠手，把他拽出来。“大鸡要下蛋呐，你在里面这不是添乱嘛。”没见过这么不熟悉业务的养鸡场场主。小耳朵死死抓住鸡窝的铁网，站在网外眼泪汪汪：“鸡鸡鸡。”

世界上最遥远的距离不是生与死，而是鸡在窝里，而自己却被亲妈拽到了窝外。

我们家的养鸡场最近损失惨重，小鸡一只一只地死掉，已经痛失了十多只小鸡，我想大家都忙着做鸡窝，莫非这其中有什么关联？

作为一个尽心尽力育儿的妈妈，在儿子养鸡这件事上，我总是要辅导他的，就像别的家长辅导作业，总要自己先会才能讲题吧，那我也要努力学习养鸡知识辅导我儿养鸡呀！

作为一个学习型妈妈，当然第一步就是赶紧去自主学习一下，无果，实在没想太明白。算了，第二步，知识付费请教一下业界大拿吧。

吃午饭的时候，我虚心地向爷爷奶奶请教，费用嘛就是我决定不再追讨姚仁义同志在家里抽烟的罚款。

“村里大家为什么都在做鸡窝呢？”我期待着爷爷奶奶给出一个鸡窝和养鸡之间的关系理论。

奶奶那是相当漫不经心：“玩玩吧。”

“啥？”

“反正也没事做，看到华山家做了，就跟着也做一个打发时间吧。”

我……

这世上有人爱打游戏有人爱看书有人爱运动，而夏舍的村民们，却热情洋溢地爱好着做鸡窝这一项有益于身心健康的娱乐项目。

“是不是鸡窝好小鸡就更好养活一点？”

“就随便养养玩玩吧，甚哩鸡窝不是养。”在姚仁义同志和姚大妈心中外头的金窝银窝都甚不如家里的鸡窝，对改善大鸡住宅这件事简直不屑一顾。

老的不管，小的净操持别人家的鸡，再这么下去这个家的养鸡大业怕是只能日薄西山了，看来还是得靠我和姚工支撑门户，挑起养鸡的重担。

·23·

欠了
一屁股鸡蛋

在乡下，鸡一般只养一年就会宰了吃掉，所以可不是唯有来世再见嘛。

小耳朵这个养鸡场场主终日沉迷于养鸡，天天往鸡窝里拱，回回拿出来十几二十个蛋，煎着吃煮着吃炒着吃怎么吃都吃不完，家里动不动几桶子鸡蛋摆着，后来我们就寄给朋友吃，朋友吃了都赞不绝口。

自此姚工贼眉鼠眼地盯上了小耳朵的这些鸡蛋，一肚子主意，终于有一天上蹿下跳地冲到我面前："我有个好主意！咱们开个店卖鸡蛋！"

啥？这是真的要挑起养鸡的重担了吗？

我脸皮特别薄的一个人，听了立马连连否决："不行，不可以，不能，这也太不好意思了。"

姚工一脸坦荡："怎么不行？我们家的鸡一个个散养，吃麦子谷子生态得很，生出来的蛋是正宗的土鸡蛋，为什么不可以卖？我有商品别人有需求，正经做买卖，为什么不能？我又不坑蒙拐骗，有什么不好意思的？"

我一听姚工开始摆道理就脑壳疼，赶紧撒腿就跑。那几天姚工简直李阳附体，壮志昂扬"疯狂鸡蛋"，四处打听怎么开微店，甚至还请学生给他的鸡蛋店做起了海报。

我们那个学生以画画先锋前卫出名，也不知道怎么就答应下来帮姚工画土鸡蛋了，真的是师生情谊感天动地。

当然也有可能是因为当时她手头确实太紧。

微店开起来的晚上，手机嘀嘀嘀个不停，各位亲朋好友非常热情地帮姚工转发，订单像雪花一般飘来，每接到一单，姚工都亢奋到暴走："不行，我要去冲个凉冷静一下。"

冷静下来的姚工坐在书桌前，认认真真地拿着纸笔开始写写算算，我想终于恢复神志了，又开始做数学题了。凑过去一看，才发现他正在认认真真地制订卖蛋计划……

创业之路就此展开，姚老板准备带着夏舍鸡蛋走出苏北平原冲向全国。

可是乐极生悲，快乐的日子转眼即逝。

夏天一来，小耳朵的大鸡们突然开始放飞自我，进入度假模式，佛系生蛋了。以往小耳朵拿着他的小篓子鸡圈逛一圈，起码20个鸡蛋。现在小耳朵拿着他的小篓子四处翻找，眼巴巴地数来数去，七八个鸡蛋。奶奶一脸真诚地告诉我们，大鸡生蛋就是这样的，天热了就不欢喜个下蛋了。

姚大妈你为何不早点告诉年少轻狂无知天真的姚工！

姚工悲从中来，决定使出撒手锏——讲道理！于是乎蹲在鸡窝边对大鸡们循循善诱，引经据典，动之以情晓之以理，软硬兼施。

大鸡不为所动，继续度假，继续佛系，简直是扶不起的阿斗。

屋漏偏逢连夜雨，喜鹊也来插一脚，好不容易有几只精进的大鸡生了好几个鸡蛋，结果小耳朵和姚工下手稍有迟缓，雀子就来偷吃，空余蛋壳让姚工望蛋兴叹。

更不要提那些完全放弃奋斗的大鸡了，某个傍晚小耳朵和姚工又蹲在鸡窝旁，忐忑地等待着大鸡们埋头生蛋，大鸡们蛋一生好，姚工立马带领小耳朵冲进鸡圈，四处寻蛋，居然找出一个和鹌鹑蛋大小的鸡蛋，奶奶拿着这枚小小的蛋说："这个是来世蛋。"我们一家三口一脸震惊，甚哩意思?

奶奶解释道，就是大鸡生下这颗小蛋后宣告今年的生蛋大业就此结束。在乡下，鸡一般只养一年就会宰了吃掉，所以可不是唯有来世再见嘛。

啊多么痛的领悟，姚工哭唧唧，创业道路不平坦，创业人士心酸酸。

眼瞅着订单越来越多，回头客也越来越多，都说鸡蛋特别鲜美，姚工走进走出都要叹口气："哎，欠了一屁股鸡蛋！"

欠债的日子可真不好过，以往早晨姚工都是专挑前一天刚生的新鲜鸡蛋煎给我们娘俩吃，后来变成了煎有些日子的鸡蛋。某个清晨我看见盘子里摆着的煎蛋格外大，我心中大喜，心想哎呀妈呀，姚工终于良心发现，对待妻子和儿子还是要舍得！姚工也笑眯眯地对我说："刚生的蛋，新鲜。"

咬一口，嗯? 这口感咋这么不对劲呢，这蛋咋又干又老呢，我们家滑溜溜嫩丝丝的鸡蛋去哪里了?

姚工一脸谄媚："嘻嘻嘻，这个是鸭蛋。"

·24·

夏舍
养鸡大业

就等九月份了，暑假过完，天气一凉，鸡就会开始下蛋的。

要说起小耳朵在夏舍最喜欢的人，那非姚二爷莫属。

小耳朵的二爷虚岁40了，皮肤黝黑，整日套一件白色的背心干活，两只露出来的胳膊紧实有力气，再加上二爷出了名地长得俊，看上去哪像40岁，倒像个20出头的愣头青年。二爷的巧手也是出了名的，今天拿着电焊做个鸡窝，明天举着手枪钻修个门，总之甚哩工具都会用，甚哩东西都能做。

夏舍的老人，家里有个甚哩坏了都要跑到院子里来："二子呀，帮恩上尕里看看去。"二爷回回都答应："嗯呐嗯呐，恩一个时候就去看看。"性情温和，总是笑眯眯。

二爷前两年突然病了，得了个羊痫风，原本在上海钢厂的工作也没了，这两年天天待在夏舍，去年年底在家里生了次大病，二奶奶现在和我讲起来还要掀起衣角抹眼泪。

"他发起病甚哩都不晓得，一个人光着膀子上街上跑，一只脚上的拖鞋都不见了。回到住处，一直抽，抓住恩拼了命地搡恩，恩拼了命地喊：'二子啊，二子啊。'喊不回来呀，在恩面前昏死过去了，送到镇上医院人家都不收，四处托关系才送到市里去抢救的，好几天没醒过来甚哩也吃不了，恩和你大哥也几天不吃不喝快哭死了。”

二奶奶泪眼婆娑地站在我面前。

“二子现在只能在尕里做做饭呢，恩连田不让他下，发起病来栽到水田里，命都要没了。二子还有一个儿子要养，靠甚哩养？恩也晓得在尕里歇歇，不做生活玩玩多舒服啊，可是恩不去做生活不行啊，二子和宝宝都在恩手里呢。”二奶奶又撩起衣服来抹了抹眼泪。

忽然小耳朵举着个篓子牵着二爷跑过来了，张罗着要给二爷家的大鸡拿蛋。

“小耳朵！不要再去调皮了啊！这个小伙好玩呢，欢喜个拿蛋。”二奶奶看着小耳朵又喜笑颜开。

姚仁义同志背着手也踱过来了，姑奶奶家的表哥这两天从上海开着他的大宝马也尕来了，最近一直在摸索卖蛋的姚工抱着手也走了过来，院子里一下子热闹得很。

“就在尕前头这块大空地上养，搭个棚子，稍微围一下。恩和高华出本钱，二子你就在尕里负责养，恩们帮你在网上卖蛋。”表哥拍着他的大肚子筹划着接下来的养鸡大业。

姚工卖蛋这么积极，原来是为了帮二爷一把呀。“二哥现在天天闷在尕头，甚哩也做不了也没个收入，还是要帮帮他。”

说干就干，当天晚上姚工就把买小鸡和建鸡棚的钱转给了二爷。二爷做事情利索得很，推着个鸡公车，扛着把铁锹三下五除二就把前面的荒地打整好了。第二天清早又喊上了华山大爹爹开着他的大三轮摩托，去楼王镇看鸡子买鸡棚材料去了。

下午二爷就开始在荒地上搭鸡棚了，夏舍一下子莫儿里（特别）热闹，所有人都围了过来。

“二子，你上恩尕头后边去砍几根大竹子立在这里。”姚仁义同志笑眯眯地看着侄子。

“二子，恩尕有网子，恩现在就尕去拿给你。”文勇老爷说完就冲回去了。

“二子，来来来，恩帮你搭把手。”华山大爹爹刚把三轮停好又跑来了。

大家七嘴八舌，谁都要跑上来帮个忙，简直是整个夏舍的养鸡大业。二奶奶把她的机子搬了出来，抱来一捆又一捆稻秆，坐在院子里啪嗒啪嗒地开始打草帘子，打好一张二爷就往鸡棚顶上一铺，鸡棚很快就像那么回事了。就等过两天贩子把小鸡送过来了。

送鸡子的老头老太一来，那天下晚简直就像过年，所有夏舍人又凑在一起，帮着二爷挑鸡子，当然最亢奋的莫过于小耳朵，在人群和小鸡中间跑来跑去，这个摸摸那个看看。

二爷一口气挑了200多只鸡子，末了还买了几只尕鹅，据说要养在鸡棚边上。

“恩们这块说尕鹅是黄鼠狼的舅爹爹，养了尕鹅，黄鼠狼就不敢来偷吃鸡子了。”奶奶对于我不知道鹅是黄鼠狼舅爹爹这件事非常震惊，我对于鹅是黄鼠狼舅爹爹这件事更震惊……

自此之后小耳朵就守在二爷的鸡棚前不肯走了，黄鼠狼是被鹅舅舅防住了，小耳朵甚哩都防不住，一不注意就蹬蹬蹬溜进了鸡棚，趴在鸡栏旁看小鸡看得如痴如醉，那架势恨不得自己也拱进去当个小耳朵鸡仔。

看还不过瘾，成日还追在二爷屁股后面：“二爷，大鸡吃饭！”一会儿跑进屋里拿糠，一会儿又去拿麦子，一会儿又去地里拔草喂鸡，小鸡也非常配合长得飞快。

“就等九月份了，暑假过完，天气一凉，鸡就会开始下蛋的。”姚工翘首以盼。

姚家的养鸡大业能不能立下百年的根基，就看鹅舅舅和今秋了！

·25·

东边的老太和西边的老太

一个已经在世上过了快百年的时日，一个刚来这个世上几百日，他们两个头对头凑在一起都看着那根木头。夏舍静悄悄，时间也静悄悄。

东边伯华大爷的老母亲据说 90 多岁了，每天不知道自己活在什么年间，早上从铺上起来了，总是要去喊自己的小伙起来插秧。

喊完就穿上那件皱皱巴巴的艳红色小碎花小夹袄子，干瘪着嘴巴拄着拐杖开始在夏舍游来荡去。

只要瞧见哪里有人扎堆拉呱闲谈，她都要凑过去，笑眯眯地说：“做甚哩呀？”

总之没什么人理她，她仍旧笑眯眯地站着，这个望望那个望望，不晓得哪个时候又悄无声息转身走了。

走累了，她就往自家屋子的墙根下一坐，屁股下是乱糟糟的麦秆和稻秆，有时候就一直这么坐着，有时候也起来走动走动。走到前头华山家的墙根下又一屁股坐下，看着空晃晃的路，又站起来朝东走，直走到大门紧闭的三妈家门口，可能是累了，也可能是困了，也可能就是想躺一躺，总之她爬上了三妈家灶门口的桌子上。那张桌子有些年头了，风吹日晒，木头都干得起了褶子，颜色灰蒙蒙的，就跟老太头上稀稀疏疏的头发一样。

她就那么蜷着，在桌子上静悄悄地躺着。

有时候我埋头正在工作，一抬头，老太的脸突然凑到了鼻子前，那张因为蜕皮而变成粉红色的干巴巴的脸，还有挂在脸上那个模糊不清的笑，有时会让我心里一紧。

“甚哩时候尕去呀？”老太的声音非常小，含含糊糊。

“这里就是她的尕！你不要理她，太老了不行了。”爷爷奶奶对于夏舍每一个问我什么时候回家的人，都不客气，一次又一次纠正“这就是她的尕”。

老太又模模糊糊地笑起来。

她搜肠刮肚地想要跟我说点什么，我也搜肠刮肚地想着要跟她说点什么，最后往往就变成了“吃呢？”。

有些日子她来了就一个人坐在灶门口的门槛上，望着我们做活路，望着小耳朵跑进跑去，也不跟人说话，也许说了，但总归是没人注意到她。就像今天她来了一声不吭把我们早上弄来的竹笋全剥了，留下一地翠绿的笋叶，然后在我们都察觉不到的某个时间，她悄无声息又走了。

有时候她就静悄悄地坐在夹巷里望着北边的麦田，把拐杖放在腿边，小耳朵总是扑到老太太的跟前，仔细地摆弄那根花木头棍子，扛起来这边敲敲那边打打。一个已经在世上过了快百年的时日，一个刚来这个世上几百日，他们两个头对头凑在一起都看着那根木头。夏舍静悄悄，时间也静悄悄。

小耳朵还喜欢往西边太婆家去，她家的猫头两个月下了一窝猫子，小耳朵一路朝西“喵喵喵”，直奔到太婆家门口，蹲下来看那些小猫。太婆总是哆哆嗦嗦地去屋里找出几块饼干或者水果糖塞到小耳朵手里。

“宝宝，来切好好呀！”西边老太声音要洪亮很多。“甚哩时候尕去呀？”

西边的太婆比东边的太婆年轻几岁，虽然也成天佝着背在夏舍游来荡去，虽然也总是凑到人扎堆的地方问：“做甚哩呀？”虽然也总是得不到别人的回答，但她穿得整整齐齐，一头雪白的头发梳得一丝不苟。

她背着手往村东边走走晃晃，没一会儿抱着一捆枯柴回来，坐在自己的锅旁开始给老伴烧饭。

她家老伴李老太爷则成天骑着辆三轮车在村里晃悠，有时忽然往我跟前一刹车：“宝宝，帮我望望今天是几号哩？”

三轮车是夏舍老人的主要交通工具，有时候老太的老伴骑着向村东头，找那边一个90多岁日日穿着一身早就褪了色的蓝色中山装的老大爷，两人往路边一坐，拉呱闲谈。

“以前呐，前头这些麦地都是恩尕的。”李老太爷有一次说起了这件事。这个曾经的富农，后来因为成分不好遭了很多罪，即使这世上的年月已经过去了几十年，丝毫不影响他对这件事的耿耿于怀。

不过事情总归是过去这么多年月了，老太爷在这地上的日子一日又一日，总归是慢慢地过着，吃饭做生活上铺睡觉，日子总能有滋有味。

早晨李老太爷早就起来了，他耳朵背得不行，我站在锅旁口大声喊了他好几声都没个回音，闷着头戴顶黑色牛仔帽躬着背骑个三轮车，驮着一车卡子（鱼笼）往东边去了。老太爷天天都这样，骑着他那辆生了锈的三轮车一会儿往东一会儿往西。这阵子更是无论刮风下雨，再晚的时候都要驮着一车卡子去东边水田里，要去掌猹鱼（黄鳝）嘞。

“卡子上用竹签穿上活鲜（蚯蚓）吧，扔到水田里，摁一摁，平整了就好嘞，等到明个清早再去收卡子吧，李老太爷掌了一辈子猹鱼。”李老太爷这一辈子长哩，今年都 90 多岁了。

“以前恩们尕里也有卡子呢，高华爸也会掌猹鱼，高华放学尕来还帮着倒卡子，自从这个死老头子拿了几个退休金后就不高兴去弄了，你二爷要是不死，年年也要去掌呢。”更个早上李老太爷刚骑着三轮车往尕去，奶奶就抱着小耳朵喊我去李太爷家称点猹鱼。

李太爷家说起来和我们家还是亲戚，小耳朵的三奶奶是他姑娘呢。“不同意呢，李老太爷以前是富农，心气高，嫌三爷家太穷，三爷和三妈办酒席，李老太爷气得驾着船和老奶奶出去了，三爷以后很少去他尕。”这些往日的恩恩怨怨早就过去了，三爷早早地去世，三妈去无锡给儿子带孙子了，尕头只剩下李老太爷和老奶奶还有一窝春天生的猫子。

我们走到李老太爷家时，他正忙着倒卡子。

“更个交易大啊？”奶奶凑过去看地上的小量子。

“让妈妈的，下雨了，没多大个交易。”边说李老太爷边从三轮车上取下一个卡子，小耳朵飞跑到小量子边蹲着看，里头还只有几条瘦瘦小小的猹鱼。

“玩玩吧，打发打发时间。”奶奶忽然压低声音对我说，“老头子还有 30 万元存款呢，当年放高利贷寻来的钱。”

正说着呢，满头白发的老奶奶端着盆刚洗的衣裳从侧门进来了，最西边的两个老头也晃了进来。“掌到鱼啊？”

李老太爷不慌不忙，抽出卡子里的竹签，又揭开绑带，打开卡子的小盖子，立马有条滑溜溜的猹鱼倒进了小量子里，我从来没见过，只觉得好玩，小耳朵也觉得神奇站起身来，伸手一直摸着卡子。

“你尕小伙不错，还不怕呢，不像个文人养的。”老太爷又取出一个卡子，这回倒出来一条大猹鱼还有一条大鳅鱼（泥鳅），几个头凑到桶边，老太太拿着把衣架也走过来探头看。

“恩尕小伙像是武人养的，胆子大呢。”奶奶喊小耳朵摸摸小量子里的猹鱼，小耳朵吓得躲开了。

“还是文人养的。”老太爷穿着套鞋，绕到车子另一边又取下几个卡子。

猹鱼倒完了，“更个怕是有二斤多呢。”老太爷走进灶旁摸出一杆秤。“小猹鱼好切呢，尕去划划和韭菜一炒。”一称三斤三两。

我在一旁问多少钱一斤呢，奶奶说，恩也不晓得，看着给吧。

“多少钱呐，老太爷？”

“哎呀，你先拿尕去给宝宝吃吃呢吧，钱到时候我找姚大要。”

“恩怕忘了把钱给你呢。”

“忘了就罢了吧，多大个交易。”

我们提着猹鱼回家，李老太爷也骑着他的三轮车又出去忙活旁的，西边的老太太站在院子里晾衣服，没一会儿就扛着把锄头到外面荒地里去找活鲜了。

·26·

祖传鱼精

直到今天我自己站在河漕里逮鱼，才终于和爸爸共同经历这样一件有意思的事，才终于感受到四十多年前的那个少年体会到的快乐。

要问夏舍最不得闲的人是谁，那非姚大妈莫属，成天提着一个买化肥送的小量子，骑着她那辆没有刹车的自行车，这边跑跑那边跑跑，看看这个河槽里有没有螺螺，那个河槽里有没有小鱼。

今天弄一桶子螺螺回来，明天弄一桶小鱼回来，后天弄三条野生黑鱼回来，最气人的是回回都不带上我。

“你下次去拾螺螺给鸭吃记得喊上我哈！”

“嗯呐嗯呐。”

然后她悄悄地去了提回来一小量子小鱼。

“你下次去弄小鱼记得喊上我哈！”

“嗯呐嗯呐。”

然后她又悄悄地去了提回来一小量子螺螺。

昨天我们从镇上买完东西回来，发现她和她那辆没有刹车的自行车又悄悄地消失了。

是可忍孰不可忍！

这里容我再次夸奖一下姚工，一个丈夫界的楷模，立马骑上电动车：“走，我带你去找妈。”

我们沿着河漕骑，远远地看见了她那辆破自行车停在岸边，赶紧下车在夏舍的中心呼唤她。“姚大妈！姚大妈！姚大妈耶！”

“在那儿呢！”姚工指着岸下的一个人影，嚯！那不就是正沉迷于抓小鱼的姚大妈嘛。

“你怎么又不带上我就跑了？”我快气疯了。

“带上你做甚哩呀，到时候大家要说媳妇真的传婆婆的代，也喜欢弄鱼呢！”

咋的？我传承一下这门手艺，当一个真真正正的夏舍大嫂子，不好吗？

姚工嘱咐我安心在此观摩，然后就骑上电动车回去做午饭了。可是我没带水裤呀，只能站在岸上干望着，这也太不过瘾了。不行，我得下河。

我转身就骑上了姚大妈的自行车，飞驰回家，飞速去二妈家借来一条水裤，飞速把小耳朵往婴儿车里一塞，拎上小量子，拉上小耳朵朝姚大妈奔去。

小耳朵正好到睡午觉时间，等我把他推到河漕那儿，他就歪在车里睡着了。穿上水裤，把儿子往岸边的树下一放，哈！育儿抓鱼两不误！夏舍大嫂子都很凶的！

我跳进河里，跟着姚大妈把河漕里的淤泥堆在口子上，堵住两边的流水，让这一截河形成一个小鱼塘，姚大妈用小量子快速把水往外舀，我去试了几下，膀子都快甩断了。水越来越少，螺螺露出来了，鱼在河漕里窜来窜去，都撞到我的手上了。这种时候就需要“快准狠”，眼前这条小鱼，游来游去，我用力一扑，嘻，抓住了吧！

不晓得过了多久，姚工过来了，二爷过来了，二妈过来了，连邻居都停下来看了。小耳朵也醒了："鱼耶！"

我爸总是跟我讲他的童年。"我七八岁的时候就经常和朋友去付鱼子哩，提回来一桶鱼，你奶奶开心得很。"我始终无法理解什么是付鱼子，到底怎么抓呢?

直到今天我自己站在河漕里逮鱼，才终于和爸爸共同经历这样一件有意思的事，才终于感受到四十多年前的那个少年体会到的快乐。

"你婆婆弄鱼厉害呢，是夏舍有名的鱼精。"二爷站在岸边对我说。

"我要把这个称号蝉联下去！"新一代夏舍鱼精正在冉冉升起。

话音刚落，老子就被陷在淤泥里动弹不得了。"你两边崴崴，把手崴进去就好拔了。"左崴右崴，怎么都拔不出来。姚大妈过来帮忙，还是拔不出来，姚工站在岸边拉我，还是拔不出来。对面的老头也过来拉我，依旧拔不出来。

最后演变成了众人拔大嫂子大型竞技活动。我满身是泥，身有千斤重，历经辛苦，才终于把腿从淤泥里拔起来，爬上了旁边的麦地。虽然最后如此狼狈，但我们战功赫赫，硕果累累。提着一桶鱼，一桶螺螺回家，一路上每个人看见我都要哈哈大笑。

"你弄到多少鱼啦？哈哈哈哈哈！"

"你也去弄鱼了？你一个大学生怎么也喜欢做这些，哈哈哈哈哈！"

"真是媳妇传婆婆的代，哈哈哈哈哈哈！"

夏舍人的笑点真的非常低。

回到家我已经累得腿都软了，而姚大妈，夏舍的鱼精，一个快70岁的老太太，她精神矍铄，斗志昂扬，手起刀落，杀鱼去了。

看来我离成为鱼精这一远大志向还有很长的一段路要走。

· 27 ·

总是遭骗的老人们

罢了吧罢了吧，都是你自己要拿的，怎么找人尕呢。

就当买来喝喝吧，说是药酒喝了对身体好呢。

清早，小耳朵睁开眼睛就开始夺命催魂式地大喊："奶奶、奶奶、奶奶……"喊了半天也没见个回音，小耳朵颇为疑惑。按道理奶奶早就该遥相呼应扯着嗓子喊："宝宝，你起来啦——"

"妈妈，奶奶，不见了。"小耳朵揉了揉眼睛看着院子外头。

"你奶奶和二奶奶还有小娟一起上东夏逢集去了。"爷爷从屋后头冲了出来。

哈？又是去买什么秧子吗？

"女人去逛逛玩玩，买件衣裳吧。"

哈？？奶奶和二奶奶竟然会逛逛玩玩，买件衣裳？简直太阳打西边出来了。

早饭后没多久，巷子口就传来了华生大爷三轮车"突突突突"的声音。"让妈妈的！恨死了！让妈妈的！"奶奶和二奶奶拎着一袋子东西从华生大爷的三轮车上下来，情绪激昂骂骂咧咧，大清早的夏舍全是她们的愤懑。

"恩恨死了！哎！下回再也不去逢集了！"奶奶跨进家门，放下手上的东西。

咋了嘛，逛个街买个衣裳气成这样。

“你买的新衣裳呢？”

“恨死了，买甚哩衣裳！甚哩也没买就尕来了。”说着从地上的袋子里掏出来两瓶酒，“就买了两瓶酒，喝死算了吧，脑子没用了。”

刚尕去的二奶奶端着碗粥风风火火地跑了过来。“让妈妈的，恩和你妈妈让人骗死了！”说完一屁股坐在锅旁门槛上，“大妈呀，快去吃呢，真是恨死了。”奶奶也盛了一碗粥一屁股坐在了二奶奶旁边，两个人喝了几口，又抬起头来：“让妈妈的！现在的人真是坏了！一直骗恩们！”

我杵在她俩旁边云里雾里的：“到底怎么了？”两个人忽然都不说话了。“哎，戏阿里要笑话恩们呢。”二奶奶不好意思地笑了起来，好像下了很大的决心似的，又开了口：“让妈妈的，恩们今天去逢集，遭人骗了。恩们哪里晓得？他说不要钱，让恩们拿着，恩们甚哩都不晓得，不要钱恩们就高高兴兴地拿着了，转头又跟恩们要钱，100 块钱一瓶。”

“嗨！也不晓得是甚哩酒，就自己喝喝吧。”奶奶又叹气。

听了半天我才搞明白，原来是被人强行卖了不知名的酒，但到底是怎么骗的两个人一直说不清楚，把我给急的。“你们当时就把酒扔到他脸上，为什么给他钱？！”让妈妈的，居然敢欺负我家奶奶！

“罢了吧罢了吧，都是你自己要拿的，怎么找人尕呢。就当买来喝喝吧，说是药酒喝了对身体好呢。”奶奶反倒安慰起我来了。

“当时人莫几里多，全挤在台子下面，好多人要买要买的。”这种我逢集的时候看到过，搭个台子用力喊货说免费送，台子下总是被老人挤得水泄不通。

“他们还在那儿吗？我和高华去找他们算账！”我火冒三丈。

“人尕早跑了，找不到了，骗了一次就不来了，去下一个乡镇了。”二奶奶叹了口气。

午饭的时候，爷爷又说起了这事。“你奶奶又被骗了吧，贪小便宜。上回子不也是被骗了，买那个锅。”奶奶一听，用力一拍桌子：“你那个时候不是也在吗？不是你把钱给那个人的吗？”

原来是年底有人来村子里卖锅，说这个锅多好多好，一口锅好几百，村子里好些老人都被哄得买了。

“恩后面反应过来了，上去就要抓住他的车子要报警，人尕青年人力气大呢，甩开恩就开车跑了。”那口锅现在被爷爷奶奶扔在灶旁积灰，净是塑料。

“现在乡下全是老人，骗子多嘞，净来骗老人一点养老的钱，这要是以前村子里有青年人，哪个敢来呀？”爷爷拿着那两瓶酒，“罢了吧罢了吧，这回子酒总还能喝。”

买酒的事刚过去几天，有天中午热得很，院子外头忽然吵吵嚷嚷起来，走出去一看院子里有个陌生的中年女人，手里拿着一沓纸。

“恩们不买哟！上回子村上不是让买了一个甚哩保险嘛。”奶奶一边洗碗一边回这个女人，旁边还站着好些老人。

我走上前去问女人怎么回事，她说自己是村上的工作人员，给老人买保险。“真是运气好，难得遇上一个青年人，你看看再和你家奶奶说说。”其他老人也跟着应和：“嗯呐，宝宝，你这个大学生，快帮恩们看看，到底是个甚哩保险呀？又让恩们交 100 块钱，恩们又一个字都不认识。”

夏舍的大妈和婆婆们基本上都是大字不识一个，老爷爷们倒是有不少识字的，但保险又完全超出了他们的理解范围。

我接过手一看，原来是专门针对老人的意外险，说不上不好也说不上好。“你不是保险公司的工作人员？”

“恩不是，恩就是村上工作的，这个是上头派下来的任务。这个保险好吧，宝宝，你快跟奶奶爷爷们说一说。”这个女人一边说一边把老人们喊进我家屋里，“你不晓得我们基层工作难做啊，村子里全是老人，说也说不通。”

“你们前一回村上不是来收过一回钱嘛，也说是个甚哩保险，60 块那个。”奶奶边说边去找单子，找了半天也没找着。我问那个女人 60 块的是什么保险，结果这个女人也东扯西扯地解释不清楚，听起来似乎又是个意外险。

奶奶坚持不肯买，怕又被骗。“天天这个缴费那个缴费，恩们又不晓得到底缴了甚哩费。”其他老人在一旁跟着点头。

这世界似乎已经完全超出了夏舍老人们的把握。

前阵子爷爷接到银行的电话让他去办理续存，我才发现他们到现在还一直用的是存折，我劝他们改成银行卡，这样方便，不用总是去柜台等，但是我说的这些话完全超纲。“恩们的钱全部存在银行折子里，存的定期。其他的恩们又不懂，恩们个个人是这样的。”

还有上一次，爷爷一大早起来兴致勃勃要去县城办退伍军人的补贴手续，就连远在浙江的四爷也准备回来办这件事，爷爷的那些老战友们，一个一个地骑着电动车风驰电掣地来到我们家门口，嚯！这气势相当可以。

“就不能网上办吗？这也太麻烦了。”

“网上办谁能放心呐，看不见摸不到的！”爷爷坚决否定。

然后，就看到一群老头骑着电动车绝尘而去，这次看来是个大交易，中上这群老头又雷电轰鸣似的回到我们家，饭桌上推杯换盏地庆祝。

“恩们办好了，后面就能领这个补贴了，国家对我们这些退伍军人好啊！”

“以后恩尕宝宝也要去当兵！”嚯！到底有多少补贴！

“40块嘞！”

“一天40块，没多大个交易嘛。”

“一个月40块！”

· 28 ·

奶奶的
韭菜墩子

等这几株洋山芋又长大了一点，奶奶就把它们移到了家里河边那块最大的韭菜墩子里，长势越来越喜人。

在夏舍谁都有几块韭菜墩子，你往东走往西走往北走往南走，块块都是韭菜墩子。犄角旮旯只要能种点东西的地，夏舍的人是绝不可能让它白白荒着的。

奶奶说起来最起码有四块韭菜墩子。家里废弃很多年的猪圈，打理一下，奶奶在里头种了香菜和各种型号的葱，那些葱高高矮矮胖胖瘦瘦，简直让人眼花缭乱，小耳朵每天都要倚着猪圈的围墙，不拔上几根葱，是不会罢手的。

有一天姚工从放粮食的屋头翻找出了几个我们早就忘了的土豆，随手把它们往菜地里一丢，丢完就被我们给忘了，也不晓得过了多久，奶奶忽然慢慢悠悠地对我们说："你们种的洋山芋长出来了。"我急急忙忙跑去猪圈一看，嚯，长得还真是不丑。

等这几株洋山芋又长大了一点，奶奶就把它们移到了家里河边那块最大的韭菜墩子里，长势越来越喜人。

前阵子夏舍所有人都在忙忙碌碌地买菜秧子，茄瓜、番茄、茄子、辣椒、茼蒿、苋菜……应有尽有。奶奶拿着一把小铲子，拎着她的小量子，小量子里装着用纸小心翼翼包着的几株瘦不拉叽的菜秧子，我实在是怀疑这些皱皱巴巴的秧子能否活下来，但奶奶看起来似乎能妙手回春。我和小耳朵两个人嬉皮笑脸地跟着奶奶一起去种菜，撵都撵不走。

奶奶蹲下用小铲子一铲，黑色的土翻起来，一个小洞就这么露出来了，她快速地把一株茄瓜放进洞里，右手按住茄瓜，左手快速把黑土填上，最后用两只手用力地按了按。正当她准备种第二株时，小耳朵一个箭步冲到跟前，小屁股一撅立马把刚种下的秧子揪了出来。

“让妈妈的，瞎揪瞎揪，你这个小皮头！”奶奶按住小耳朵的小手，“你们快尕去吧。”

我赶紧一把抱起这个小皮头，即使你是姚家的继承人，姚大妈也不可能容你在她的韭菜墩子里撒野！

奶奶不慌不忙地种下了茄瓜和番茄，某天又神不知鬼不觉地种下了红苋菜、茼蒿，还有甜瓜。

奶奶还在桥边的犄角旮旯种下了丝瓜，说：“等一个时候，长出来就可以缠在桥上了。”一转身她又在桥边另一块荒地上种上了豌豆和油菜，刚长出来的豌豆尖和油菜嫩绿，炒上一碗，清清爽爽。

接下来的日子整个夏舍的人都扛着根大水舀子，块块在浇水。每天傍晚奶奶大喊一声：“浇水咯，宝宝。”小耳朵一听转身就跑，直奔菜地，根本不需要带路。

晚上我和姚工去散步，走着走着就变成了“去墩子上看看菜长得怎么样吧”。这些曾经瘦瘦弱弱的菜秧子，一天一个样，长得飞快，很快茼蒿和红苋菜就能吃了。

原本想着在朦胧的夜色下散步的两个人，不知为何居然蹲在韭菜墩子上替菜秧子拔起了草来。

我看着蹲在番茄秧子旁边的姚工，忽然想起刚认识他那会儿，那个时候他成天像个老农民一样：“我的梦想是回老家种一大片番茄。”说好的做教育创新呢朋友！

后来有一次他回夏舍又回成都，刚进门，就从包里掏出来几个歪歪扭扭的番茄和黄瓜。“吃吧，我早上上飞机前刚从家里菜地里摘的，还有露水呢。”脸上堆笑，真像刚丰收了的农民呀。这些年生活在城里，苏北平原出生的姚工像憋坏了的腌黄瓜，今年在夏舍的这些日子总算是久在樊笼里，复得返自然。

姚仁义同志可能是我这辈子见过的最爱吃韭菜的人。

“你们想吃什么？我明天上东夏超市里去给你们买。”自我们回来后，姚仁义同志天天操心着家里的饭桌。

“不要不要，就吃地里的东西就好。”我们回回都这么回答。

但我们的姚仁义同志向来我行我素，一转头已经骑上他那辆总是熄火的小电驴上镇上了，回来后手里拎的大包小包全是买来的菜。

“恩不晓得你们喜欢切甚哩，恩就随便买买吧。”这个随便买买的菜里回回必有韭菜，家里做什么姚仁义同志都是“用韭菜炒炒，香哩”。实在没什么好炒的，就是清炒韭菜姚仁义同志回回也吃下一大碗。

“爸，你是不是特别爱吃韭菜？”

“恩切甚哩都行，切甚哩不是切呢。”大义凛然。

“那就别再买韭菜了，韭菜还没到时节，都是大棚里长的，等等家里就有韭菜了。”

“嗯呐，不啦。”他闷下一口酒，眼睛眯起来。

一转头仁义同志又买了一大把韭菜回来。

当然家里的韭菜，仁义同志也是非常关心的，三天两头往韭菜墩子上跑跑。可是天不遂人意啊，别人家菜地里的韭菜长得肥肥胖胖，但我们家的却稀稀拉拉瘦不拉叽。为此我和姚工感到由衷地困惑。

说起来我们家可算是夏舍最落后的家庭了，什么都种得不太行。

记得刚来夏舍，看见爷爷奶奶地里的油菜籽长得稀稀拉拉，可人个家头都菜赶菜呢。

“爸，我们家头的油菜为什么长得不行呢？”我虚心地向姚仁义同志请教，那会儿我还非常相信他。

“天太干了，不下雨呢，长不出来。”仁义同志从容自若。

“哈？为啥子人个家头的长那么好，就独独我们家这块地不下雨？”我对仁义同志产生了一丝丝怀疑。

“别听他瞎说，种油菜的时候恩还在成都没尕来，他天天死个尕头打麻将，不去浇水。”姚大妈简直咬牙切齿。

后来人个家头都吃上蚕豆了，我们家却迟迟没有动静。

“叫他去点豆子，天天拖！”姚仁义同志举着酒杯坐在桌前嬉皮笑脸。

韭菜总不能是仁义同志的问题吧，也不是他种的，他这么爱吃韭菜，浇水也很勤呐。

“哼，还不是他着急火忙的，韭菜还没长出来，就回回去割。”看来姚仁义同志蹲守在韭菜墩子，只见韭菜刚冒出一点头，他喜形于色，立马便下手了。

奶奶和小耳朵晨兴理荒秽，我和姚工戴月拔草归，可是谁能想到家里还有防不胜防的仁义同志呢。

对了，最近夏舍都在吃蒜苗了，我们家的大蒜连根蒜苗影儿都没有，难不成大蒜界独独我家的不孕不育？

“大蒜种子不行嘞！”姚仁义同志闷下一口酒，眼睛又眯了起来。

·29·

等一场春雷

翠绿的笋子和雪菜一起炒，咽下去的似乎是那年整个的春天。

小时候，春雷一打，春雨落完，地上的春笋一夜之间挡都挡不住，全冒出来了。妈妈很爱吃春笋，每到吃笋的时节，总是会带着我们去山上抽竹笋，回来一剥，翠绿的笋子和雪菜一起炒，咽下去的似乎是那年整个的春天。等到上学老师跟我们讲成语“势如破竹”时，我脑子里简直像是在放电影，甚至还能闻到春笋的香味儿。

夏舍也有成片的竹子，家屋后就有一片，往年回来都是冬天，竹子枯黄，待了几天又急匆匆地离开，从来没想过能蹲在家里等到竹子变绿。这真的是让我心里满是感激，终于可以等到屋后头的竹笋冒尖了。

惊蛰过去了，竹子没有冒尖；

谷雨也过去了，竹子还是没有冒尖；

清明都过完了，竹子仍旧没有冒尖。

左等右等始终没等到竹子冒头，后来都心灰意冷再也不去屋后看了。

直到快立夏，在村子里拖着扭扭车上的小耳朵闲逛时，忽然在河边的荒地发现了冒尖的细竹笋，真的是意外之喜。我提上篮子，拉着奶奶满村子的竹林子找，这个没有，下一个还是没有，自家屋后头也没有。

“恩这块的竹子和你们那不一样，要过十来天才有大笋子吃呢。”我手里拿着的瘦瘦的春笋，夏舍每个人看见了都要说上一句：“恩们这块不吃这个。”真是暴殄天物。我执意要继续找，终于在亚子姐夫家的屋后找到了一大片竹笋。

抽回来用雪菜一炒，大家都交口称赞，吃了两顿就见底了。

那天清早我们吃着早饭，姚工把碗一放：“我们再去找笋子吧。”好嘞！

七八点钟，夏舍的太阳正舒服，我们提着篮子一路朝西边奔，遇上了刚从镇上回来的二爷，一听我们要去找笋子，把车一停也跟着我们一块去。

“宝宝，你们做甚哩呢？”蹲在路边的太爷问。

“找笋子呢。”

“你们去西边文勇大爷家屋后看看，他那可能有。”兴冲冲跑去一看，嚯，屋后根本连根竹子都没有，也太不靠谱了吧。

“朝西边唐三舅爹爹家屋后找找呢，那块兴许有呢。”院坝里头站着一群人，纷纷献计献策，有的太婆干脆跟着我们直奔直奔，那个早上夏舍一群人在路上奔来奔去。

找来找去，发现都没有，只有亚子姐夫家后头还有新冒出的，抽回来又吃了两顿，又见底了。

我和姚工开始每天晚上躺在床上盼着夜里能打春雷，下一场春雨。

“春雨一下，笋子又会冒出来的。”

没想到春雷真的就来了，窗外春雨淅淅沥沥，我似乎都能听见笋子从土里钻出来的声音，清早起床，鸟叫得格外欢。

领上小耳朵，去抽笋！

·30·

这些
奇奇怪怪的风俗

哎，你妈妈这个人吧……罢了吧，葬还是要葬在一起。

一

天气越来越热，我们开始在院子里吃饭，小桌子小椅子一摆，凉风习习，天上青蓝色，天还亮着呢，清清白白的月亮却已经在头顶了。小耳朵坐不住，东边跑跑西边跑跑，时不时要扑到鸡窝边杵着看鸡，谁喊都不应。

西边的二爷吃完饭跑过来："小耳朵，小耳朵！"

前头的小娟捧着碗饭，一边吃一边喊："宝宝，你美不美呀？"

这回小耳朵应了："美呀！"

我们碗里的米饭是爷爷奶奶去年刚收的稻子，自从我们回来后，爷爷就时不时要驮一袋稻子去村东头花上5块钱碾一袋米回来，这些米吃在嘴里，Q弹！

桌子上的鱼是刚从沿河买来的野鱼，鲜美！

茼蒿、韭菜、蒜苗，全是菜院子里刚摘的，清香！

炒菜用的菜籽油是爷爷奶奶种的油菜籽，去北边榨油那家榨的，美味！

我们欢欢喜喜地吃着饭，爷爷忽然转头对奶奶说："今天是万年青的生日。”神色非常严肃。

“万年青是谁？”我来夏舍也好几个月了，怎么从来没听他们提起过呢。

爷爷奶奶忽然笑起来：“万年青就是万年青，在我们屋后头呢。”我更迷惑了。

姚工也笑了起来：“万年青就是盆栽啊，植物。”

哈？！

“是之前在这一天买回来的吗？”这个也太体贴了吧，连个盆栽都要给它过生日。

“今天是所有万年青的生日！恩们这块就是这样的，如果要搬家就会选今天。”怪不得奶奶一整天都在摆弄家里那两盆盆栽，把它们费力地搬到屋后河里洗洗刷刷的。

小娟也在一旁，嗯呐嗯呐。

夏舍的人，真的有种莫名其妙的天真。

祝你生日快乐，万年青！

二

早上我们满村子找竹笋时，发现一向房门紧闭的亚子姐夫家站了许多人，小耳朵跟着奶奶也在院坝里疯跑，盯着门口搁着的两个脸盆，里头正烧着纸钱。

“老爷，尕来啦。尕来做甚哩呢？”姚工热切地和姐夫他爹打起了招呼。

“尕来烧钱哩，做事情呢。”

等我们找完竹笋回来，发现堂屋里已经摆上了桌子，挂上了黄布，两个岁数很大的老头正襟危坐，正在敲木鱼念佛经。

“他爸爸十月份就 100 岁了，去世也 30 周年了，回来烧钱。”

我想起上回在成都时，姚工和我说家里正在给他外公办百岁大寿，当时我非常迷惑，明明记得他外公老早就去世了嘛。

“我们这每十年都要给去世的人过一次寿，请人来念经，直到过完百岁才结束。一了百了，也许就是这个意思。”

我四处问这个风俗到底是怎么回事，但发现并没有人讲得清楚，“都是老人留下来的。”

我期待挖掘出一个像西班牙亡灵节一样的故事，但得到的却只是惯性的传承而已。先人定下这个规矩，是期待后人忘记他还是记住他？人间的一百年，多少事情会发生，多少人又要接着死去。东边西边的老太活在这个世上悄无声息，无人惦念，死去的人躺在黄土里，人们却千里迢迢跑回来祭拜。

夏舍不仅要给已经去世的人过寿，他们简直为这些死去的人全方位操心。过年前一天，家家户户都忙着去墓地送压岁钱，成捆成捆的黄色纸钱，烧之前从兜里掏出一张红色的百元人民币，往纸钱上一压，算是把钱印上去了。

“拿去花花吧，买点好吃的吃吃吧，打打小麻将吧。”

吃午饭时，爷爷奶奶说起了村里今天念经的事。

“恩们这前头有个大庙子，念经都是请那里头的道人。”

“你如果撂掉了，百岁时也希望我们请道人念经吗？”我问爷爷。

“怎么请？那个时候这个地方都没有了。人死了就没了，一了百了。”奶奶抢答。

“那你们为什么还去给外公过百岁，还给他送帐子。”

“人家家家送，我也跟着送吧。”奶奶憨笑。

今天是农历闰年，苏北平原这边家家户户的女儿都忙着送帐子，坟头个个插上了一根竹竿，竹竿上飘着红色的剪纸，远看倒是有点像日本的鲤鱼旗。我跟着爷爷奶奶去看他们给去世的老人送帐子，爷爷把杆子往坟头上一插，“天热了，你把帐子拿去自己支起来用啊”，说着奶奶把手里的一块白纱布放在坟头烧了起来，真是体贴入微。

姚仁义同志笑眯眯地一杯酒下肚后说：“我不怕死，人呐不要活太久，你看东边的老太，这个岁数了，有甚哩活头呀？四个子女死掉了两个，大儿子病死了，三儿子喝醉了从马沿的大桥上栽到河里淹死了，有甚哩活头？我有儿子送葬，有孙子拎灯笼，没有任何遗憾了。”

“人都是要往这条路上走的，有甚哩好怕的。”奶奶补了一嘴。

“要不要信上帝？信了上帝也许以后我们都死了，还能在天上重逢呢，还能见到你们孙子呢！”

“恩不想和你们见面。”奶奶你也太绝情了……

“那你们要不要葬在一起？”

姚仁义同志又一口酒下肚，举着酒杯：“哎，你妈妈这个人吧……罢了吧，葬还是要葬在一起。”

仁义同志话音刚落，奶奶眼皮都没抬一下，冷酷到底：“不要。”

·31·

南大围和北大围

从冬天游荡到春天，又从春天游荡到夏天，一天又一天，这样的日子一天都不觉得多余。

走过伯华二爷家养龙虾的鱼塘，再经过一片麦田和油菜地，到了蚕豆大道，小耳朵麻溜地从扭扭车上下来，刚走几步就一屁股坐到了田埂边的稻草上，翻滚几圈才肯爬起来继续往前走奔向南大围。夏天来了，夏舍四处是蝴蝶，南大围这片林子格外多。姚工抱起小耳朵，轻轻一伸手，撤回来把手掌一张，一只白色的蝴蝶冲了出来，小耳朵拍着手大笑。

南大围是夏舍唯一的一块荒地了，大叶子杨遮成了一片林子，林子底下有不少人种下了油菜籽，除此之外就是四处蔓延的野草和零零落落的坟墓，有的坟墓被挖开移去了公墓，挖开的坟墓，就像一个个大伤疤潦潦草草地敞在这天地间。

但不知道是因为宽广的沿河还是底下成片的麦田，总之南大围显得光明坦荡。自从天气转暖后，成群结队的鸟就飞来了夏舍，它们停在屋檐上停在屋旁的杨树上，但更多是停在南大围的林子里，停在南大围边上的沿河水面上。

小耳朵一到河边就要往河里扔东西，拽着我在岸边找啊找啊找，都找不见一块石头，苏北平原上除了土还是土，只好掰下一大块土，敲碎，一点点往河里扔，“咚”，小耳朵就跟着蹦蹦跳跳，有时候连土都没找着合适的，他就干脆一屁股坐在岸边开始拔草，手里攥着一把草，小耳朵又拉着我们坐到岸边堤坝上。

就这样我们三个坐在沿河边，双腿悬在水面上，晃来晃去，姚工举着望远镜在看远处的白鹭，小耳朵卖力地把自己的洞洞鞋甩进了沿河里。小耳朵先是惊讶很快就兴奋地大笑，姚工转身找来一截树枝，蹲着勾起了鞋子，小耳朵在一边看着乐不可支，拍起手来，鼻子往上皱着，眼睛眯成一条缝，仅有的八颗小牙全部笑得露在外面。看到爸爸不仅把鞋挂上了树，连自己也爬上了树，小耳朵也冲上去抱着树干仰着头，爬不上去着急地跺脚：“鞋，鞋，华耶，华——”

姚工从树上跳下来又往地上躺下，躺在河边看着头顶的大杨树和天空，小耳朵也兴高采烈地扑到爸爸的怀里，两个人在河边快乐地扭成一团，头顶的杨树哗啦哗啦。

河里来来往往有许多船。有时候掌鱼的老夫妻会来，有时候河上来来去去的全是大货船，装着成百上千吨的沙子水泥，吃水线没到了最后一根，气势恢宏，余浪汹涌。

“这艘是泰州来的。”

“这艘是宿州的。”

每一艘船似乎都带着故事，小耳朵总是最投入，直到船驶进夕阳，才挥手喃喃自语“再见”。

有时候我们就沿着南大围一直往西走，小耳朵骑坐在爸爸的脖子上，油菜越长越密，越长越高，很快就把我们三个淹没了。

忽然姚工用力把我扯到他的身边，指着一米开外的乱石堆：“你看，上面有条蛇。”我双腿一软，四下乱找，真的是一条蛇，青灰色，一米左右长，大拇指一般粗，就静静地窝在石堆上。

我和姚工屏气凝神和蛇对站着，小耳朵浑然不觉，听见野猫躲在油菜秆子底下叫，他也兴奋地大叫起来：“喵——！”叫完他又大声和围下鱼塘里干活的人打招呼：“哎咦——！”

蛇可能是感到头痛，人类幼崽为何如此咋咋呼呼，总之一声不吭就走了。

日头还没有下山，风还在吹着大叶子杨，我们三个接着在南大围游荡，从冬天游荡到春天，又从春天游荡到夏天，一天又一天，这样的日子一天都不觉得多余。

姚工说他小时候北大围很高，种满了桑树。

“我们就在桑树林子里玩，渴了就随手抓一把桑葚吃，谁知道这玩意儿在外面还需要钱买呢！”每次说起这个，姚工都一股子见鬼了的语气。

很多年前夏舍的人都靠着养蚕赚点钱，北大围的桑树是种来养蚕的。

“养蚕太苦啦，累死了。”姚仁义同志对养蚕心有余悸，“有时候卖得到钱，有时候卖不到钱。早上5点钟就要去打桑叶，回来还要喂蚕，喂了蚕又要上工赚工分，没个闲时候。还要结草笼子给蚕爬，那个时候夏舍养蚕的人多哩，去供销社卖蚕果子排队呢。小满后弄蚕果子，弄完差不多就收麦了。”

“我们夜里去东边桥头老爷尕养蚕，就把他一个人丢在家里睡觉吧，从外面把大门锁上，那个时候怕是只比宝宝大一些。”奶奶指指姚工又望望小耳朵。“等我们尕来的时候发现铺上人没有了，真是吓死了，到处去找，谁想到他一个人跑去桥头那边找我们了。”

姚工对这件事记忆犹新。“醒了发现家里一个人都没有，我光着脚从门缝里挤出去的，就着月光迷迷糊糊地往桥头走。”

“恩还是戏阿里的时候在北大围放牛呢，恩爸有两三头牛，那个时候哪有什么拖拉机，都是牛犁地哩，那时候北大围荒着呢。”爷爷忽然谈起了自己小时候。

当年爷爷的爷爷从四里路外的村子搬到了夏舍，姚工的爷爷，小耳朵的爷爷，一代又一代，到小耳朵这儿已经是在夏舍的第五代了。

不过现在北大围完全没有了。挖土机在上面连续挖了很多天，直挖到完全和两边的麦田齐平，爷爷捞野水芹的小河此时也被挖宽了许多。

“窑上的老板买了土烧砖呢。”

我们拖着小耳朵从家里出来，经过伯华二爷家，经过国华家，经过华山家的黑麦地，站在了四岔路口，小耳朵抬手指着北边：“大机！”

那就走吧，我们拖着小耳朵一路向北去北大围。

北大围真的是什么都没有了，只有一片被挖得七零八落的黑色荒地。我们在荒地里晃荡，挖掘机停在土堆上，硕大的影子躺在黑色的荒地上，司机半躺在驾驶室里，翘着二郎腿正在睡觉，小耳朵站在下面仰着头虔诚地看着。

为什么几乎每个人类幼崽都对挖掘机如此着迷？如果他们知道这个世界上有一个专门教人开挖掘机的蓝翔技校，那校门口还不得幼崽满为患嘛！

看累了，小耳朵忽然一屁股坐下来，扯了一把紫色的野花，又开始玩起脚下的干泥巴，这个世界上的每一样东西都让他兴致勃勃。

姚工指着河对面孤零零地竖着的一座坟，墓碑上写着怀念胞姐。“应该是很年轻就死了吧，或者一辈子都没有出嫁？不然怎么会是弟兄姐妹立碑呢。”我脑子里又开始自动补充故事。

这样一个周日的下午，我们三个就这么在寂静的北大围晃晃悠悠，夕阳慢慢落在了麦田上，我把小耳朵扛上肩。“尕去了，宝宝。”

我们拖着小耳朵从北大围回来，把扭扭车往树上一系，小耳朵奔到屋后的田埂上。左边是小河，河里鸭子还在游来游去，岸边是奶奶和邻居家的油菜地，右边是大片的麦田。

在我生了小耳朵后，总是面对众人的双重拷问。

“他耳朵很小吗？”

“他嘴巴好小啊，为什么不叫小嘴巴？”

我……

这是一个说来话长的故事。

很早很早以前，那会儿我和姚工还八字没一撇呢。在一个静谧的夜晚，我呼呼大睡，做了一个非常离奇的梦，梦里自己正走在乡间的田埂上，手里牵着一个白白嫩嫩的小男孩，“小耳朵，快来”。

醒来后，我决定以后我要是有了儿子就给他取名叫小耳朵。

在夏舍，每天牵着小耳朵的手走在田埂上时，我都恍如在梦里。

这个从梦里走出来的小男孩，在我眼前跑来跑去，跑进了油菜地里，跑去了岸边看鸭，跑去了麦田和爸爸打滚。西边麦田尽头，树影重重的地方，太阳正在慢慢落下。夕阳洒在麦田里，也洒在河水上。

小耳朵总是抬头看了一眼夕阳后声情并茂肉麻地喊：“哇！”大哥莫装腔作势，你到底看懂了啥……

有时候小耳朵走累了，转身要爸爸抱抱，姚工把他扛在肩上，经过二奶奶的韭菜墩子，看看里面的芋头长高了多少。走过小桥，看看鸭子尕来了没有。下桥停下看看桥头的油桃今天又大了几多。

爷爷奶奶站在屋后大声喊我们："尕来吃饭啦——"

等我们坐在院子吃饭时，夏舍的夕阳一点一点就沉了下去，老远就听叫"布谷布谷"的声音。

"看，麦黄鸟叫了，叫一百天，麦收了，这个鸟就死了。"奶奶指着快速飞过我们头顶的布谷鸟。

月亮慢慢地升了起来，这寻常的一天便又结束了。

在此我要插入一段花絮。

自从我怀孕，姚工就经常催我去睡觉。"赶紧去睡觉吧，梦里把孩子的大名取了。"但梦里我除了梦见自己正在快乐地吃吃喝喝外，甚哩名字影子都没有。

随着"卸货"在即，有天深夜，姚工拉着我坐在床上开始想给儿子取什么名字。我的原则很简单，好写就行。姚工，一个真诚热爱数学和工程的工科男，此刻坐在床头冥思苦想，半天无果，就在我迷迷糊糊马上要睡着之际，他突然喜出望外地推醒我："我想到了一个很好的名字！"

真是振奋人心呐！

"叫啥？"我兴高采烈。

"你看你是江西人，我是江苏人，孩子就叫姚二江吧！"姚工手舞足蹈，两颗大板牙都笑出来了。

姚二江？再见了朋友，我去睡了，还是做梦比较靠谱。

· 32 ·

窑厂

小耳朵总是仰着头看着那两辆在小山上一直挖土的挖掘机，我却总是盯着烟囱里升起来的黑烟出神，周边有许多鸟一直在飞，冬天的时候还停着许多的乌鸦。

我推着小耳朵走着走着走到了赵舍的地界，一个正在家门口锄地的老大爷忽然停了下来，眯着眼睛盯着我看。

“你是窑厂的啊？”边说边指了指东边，比画了好几遍我才终于听明白。

“不是呢，我是夏舍姚大尕的。”

“噢，恩还以为你是窑厂那边的四川人呢。”

窑厂就在东边大铁桥下面，耸立着根粗壮的大烟囱，老远就能看见，这可是周边唯一的大产业。

记得第一回来夏舍，村子里的女人个个手里都在忙着用稻草秆打草帘子，一张帘子 2 米多，卖给窑厂 1 块钱，一天勤力一点怕是能打个 20 来张。反正冬天田里地里甚哩生活都没有了，坐在家里大家一起一边打草帘子一边拉呱闲谈，还能每天苦个 20 来块钱，夏舍人没有不愿意做的，当然姚仁义同志肯定是那个唯一不愿意的懒汉。

这些卖给窑厂的草帘子，如今都铺在窑厂那些摞在外头的砖上，都是黑砖。

那会儿小耳朵的二爹爹还在呢，他早些年在大队做个保管员，因为会打个算盘。后来年纪大了，他就去窑厂下砖了，据说还是个小组长，还负责记个下砖的数目，逢年过节的窑厂老板给多发一两瓶酒喝喝。

二爹爹经常凌晨两三点就骑个三轮车过去，早些时候运砖都是走水路，在窑厂旁边的码头装上船，沿着大沿河把砖送出去。等我再来时，二爹爹查出个肝癌了，人瘦得脱了形，躺在床上，褥子皱皱巴巴地盖在身上，没多久就走了。

窑厂还是继续烧砖，灰尘烟雾莫几里多，只是这两年不再要草帘子了，改用塑料膜。

我经常推着小耳朵去那边转转，这苏北平原上四处一望无际连个小山包都没有，唯有窑厂那边有一座黑色的小山。这小山由周边挖来的黑色淤泥堆积而成，窑厂的工人还用推斗车，一车一车地把烧废了的黑砖推出来倒在下边，这些黑砖就不言不语横七竖八地躺在那。

小耳朵总是仰着头看着那两辆在小山上一直挖土的挖掘机，我却总是盯着烟囱里升起来的黑烟出神，周边有许多鸟一直在飞，冬天的时候还停着许多的乌鸦。

夏舍人讲起窑厂，都是既熟悉又陌生的。

“恩们本地人很少在窑厂上做生活，烧砖太苦了。来的都是四川那边的人，拖家带口生好几个戏阿里呢，恩们也跟他们没甚哩来往。他们生戏阿里不上医院，自己接生，用把剪刀自己就把脐带子剪了。”

窑厂确实后边还有一排小屋子，我有时候在河对面散步，总是看见有小孩子从屋子里跑到河边打闹，但却从未见这些小孩去村子里。

“这些人过年也不回去嘞，在这里一做就好多年。恩们从来不吃的地里的油菜，他们也欢喜弄尕去烧烧吃吧。”奶奶并不知道四川人其实都很爱吃油菜，在夏舍人看来这些吃着他们看不上的油菜的四川人，始终是异类。

我早有耳闻这个窑厂的老板是个产业很大的人，镇上最好的酒店还不是他开的？连北大围都买了去，铲个精光，土全运去烧砖。“人尕有钱嘞，这个窑厂怕有几十年了，打头很小，现在都这么大了，他在别的地方还有窑呢。”爷爷对人家似乎一清二楚。

有一天我和奶奶带着小耳朵去南大围跑跑玩，奶奶指着大沿河：“恩们这块前几日河里涡（淹）一个人，是窑厂上的。下了工在河里撒网捕点鱼吃吃吧，不晓得怎么搞得掉进河里涡死了。”

奶奶指了指大沿河的东边：“才 42 岁哩，也是个外地人，老婆和戏阿里从外面赶过来了。”奶奶忽然又伸出手来，比画了一个八，“窑厂赔了 8 万块，也算仁义了，又不是上工的时候死的。”

· 33 ·

沿河的打鱼翁

鱼都扔上岸了，老两口又驾着小船调头继续去撒网了，日头已经快落到河面了，渔网一抛，似乎扔进了夕阳里。

傍晚日头要落的时候，我们就会喊上小耳朵去沿河边买鱼。

"买鱼耶，买鱼耶——"小耳朵坐在扭扭车上开心地大叫。

我们一路往南，经过鱼塘、油菜地、麦地、蚕豆大道来到南大围，最后下坡坐在沿河的河边上。

小耳朵总是眼尖，如果那条小渔船出现，不管多远，他都能认出来。"鱼耶！"他一边招手，一边朝着渔船的方向大叫。

掌鱼的是一对老夫妻，老头精瘦戴着顶皱皱巴巴的帽子，撑着船桨在驾船，老太微微佝着背，头上系着暗红色的头巾，不徐不慢地把鱼笼子放进河里，两个人都上了年纪了，怕是快 70 岁了。

自从有一次在岸边买了他们的鱼后，几乎每次碰见他们，我们都会买上一些他们的鱼，一来二去，就相互熟悉了起来。

老两口的渔船很小，捕鱼的方式也非常传统，我们站在岸边看着他们从老远慢慢收网或者放网，小船慢慢地驶向我们。

"有甚哩鱼呀更个？"

"今个掌了条祺花，你要啊？祺花少呢，平日里掌不到。"

"祺花好切呢，要。还有甚哩鱼呀？"

“还有草鱼、鲢鱼、白条、混子耶。你要啊？”

“再称点白条吧，算了算了，草鱼也称一点吧，鲢鱼也来一条吧。”

我们总是买着买着就收不住买多了，好在家屋后头就是条小河，我们总是把买来吃不济的鱼放进网子里养在河里头。

老头从船头摸出一杆秤，老太把系在船尾、放在河里的网子提起来，打开网子用鱼篓子把鱼捞出来。船舱里已经用水养着的鱼，一直在船里蹦来跳去，小耳朵看得出神。

鱼很便宜，鲢鱼才3块钱一斤，很多时候我们买了一大堆鱼才几十块钱。想起来我们在成都每次去沃尔玛超市里买鱼，一点点鱼就几十块了。我一个在鄱阳湖边吃着湖里的野鱼长大的人，从来都吃不惯外面的鱼，总觉得有股柴油味，肉质粗糙麻木。但是沿河里的野鱼却和我从小吃的鱼味道相似，肉质细嫩鲜美，鱼汤浓稠黏嘴。

姚工比我周全，我已经完全养成了不在兜里揣现金的习惯，但是在夏舍，没人用甚哩微信支付宝。姚工掏出一张100的。“又是一张大的呀。”说着老头开始在兜里四处翻找零钱。“你那有没有7块钱零钱呀？”他问老伴，老太也开始全身翻起兜来。“算了算了，下次总归还是要来买鱼的，下次再说吧。”但老头坚持要找：“不行的，找到2块了，这里还有1块，你那有没？”老太也从兜里掏出来3块。“还有1块算了吧。”

老人还是不同意。“恩再拿一条小鱼给你。”说着老太从船舱里掏出来一只小草鱼扔上了岸，姚工把粘着鱼鳞的零钱一卷放进兜里。

“掌到多晚回去呀？”

“晚上要收网哩。还要一个时候呢。”

“鱼上哪块去卖呀？”

“明个清早去楼王镇上卖呢。”

“你们一年到头都在这个河里掌鱼呀？”

“没有哩，马上就掌不到鱼了。”

小耳朵看着刚扔上岸的大鲢鱼，刚还兴奋地喊“鱼耶鱼耶”的，这会儿吓得立马转身抱住我的大腿“抱抱抱抱”，继叶公好龙后，又出现了小耳朵仔好鱼……

鱼都扔上岸了，老两口又驾着小船调头继续去撒网了，日头已经快落到河面了，渔网一抛，似乎扔进了夕阳里。

小耳朵回过神来：“再见，再见！”

也不晓得是哪一天这条渔船再也不来了，一天两天三天四天五天六天……十天，整整十天我们三个来到河边等啊等啊，始终没有再遇上这只小渔船，只有更年轻一些的夫妻开着大船，往河里一摞一摞地丢网子。

是生病了吗？

也许是掌不到鱼了吧？

要是有个联系方式该多好呀，这样回成都前至少可以道个别吧。

·34·

夏舍的女人们

古老的苏北平原上，这些被这片土地打磨了一生的老农民们，倚靠着他们近乎本能的忍耐和勤力与现代的器械在进行着这场博弈。

一大早夏舍忽然格外忙碌，众人都在路上跑来跑去。

“你去啊？中上就尕来了。”

“去呢去呢。”

小娟急急忙忙走进我们家问奶奶：“大妈你去呀？伯华尕的也去，西边徐老太爷也去。”转头又问倚在门上的二哥：“二子，你去呀？”二哥笑眯眯地说：“恩不去哟，恩尕里有事呢。”

到底甚哩事呀？一个个的都这么亢奋。

“他们要去青年路奔北那块，楼王镇上还要过去哩，去那边帮人尕做生活。”奶奶手指着青年路的方向，那地方得离夏舍几十里地吧。“做甚哩生活呀？”感觉是个大交易，跑那么远！“去帮别人卖化肥的做广告吧，站在那里甚哩事都不用做，一上午 20 块钱，或者包你一顿午饭。”二哥兴致勃勃地跟我解释。

啥？一上午 20 块钱？一上午时间就为了换顿饭吃？这实在是太超出我的理解范围了，一上午的时间干点啥不好呢。

奶奶显然理解不了我的不理解：“在尕里又莫事情做，就当去玩玩吧，还有车子接来接去，还能赚顿饭吃吃。”小娟在一旁拼命点头："嗯呐嗯呐。"

"恩是宝宝在尕，不然恩也去了。"奶奶看上去很想去赚这20块钱，小耳朵这不又挡了奶奶的财路。不一会儿，门口的三轮车上就坐满了人，一个个兴高采烈的，要去苦钱了。

在夏舍人人（此处不包括姚仁义同志）都欢喜个出去做生活苦点钱，个个都勤力得很。当然要说姚大妈是最勤力的人，我相信没人会说个不字，第二勤力的人是谁呢？那就是姚二妈了。只要外头有什么生活要做，必定会有一个男人骑着电动车到尕门口来喊她们，只要一喊，她们回回都答应。

过年的时候，家家户户要请客办喜事，姚大妈和姚二妈就帮别人去洗菜切菜洗碗，一天能赚个百八十块钱。后来天气暖和了，荸荠长起来要收了，她俩又穿上裤鞋，下到田去去帮人家收荸荠，从早干到晚，一天能有个七八十块。藕田里的藕好了，她俩就去给人家挖藕，站在淤泥里走来走去一天，苦个80块。

有几天有个承包藕田的老板要人帮着栽藕，这生活苦，清早6点钟就要上工，奶奶4点就起床，随便吃两口饭，和二妈踩上脚踏车去西边烽火村的藕田里做生活。中上也回不来，就在田边吃盒饭，吃完马上下田，干到晚上六七点才尕来，一天工作近12个小时，还是80块钱一天。

我和姚工劝姚大妈别去了，就在家里和宝宝玩一玩。姚大妈哪舍得这个钱，嘴上说："嗯呐嗯呐，你们要恩带宝宝恩们就不去了。"我们哪是要带宝宝啊，这不是觉得实在是太辛苦嘛，都快70岁的人了。一听原来是我们怕她辛苦，姚大妈二话不说，立马又去了，姚大妈出了名地不怕苦。

那阵子她连着干了怕有一周，最后一天喜滋滋地领着几百块钱尕来。

还有像给人家糊化肥、打农药、去藕塘里捞水草，总之总能有生活做，而且回回少不了她。她从来不管钱多钱少，60块钱一天也去干，100块钱一天也去干，只要有钱就去干。

有一回她去给人家糊化肥，晚上尕来笑眯眯："今天不丑，糊一天人尕给了100块钱。"刚说完又和二妈把铁锹甩上肩去北边帮人家打缺子（水田里挖沟放水）去了，打了大概两三个小时才尕来，又笑眯眯地告诉我："今天不丑，打缺子也苦到20块，今天苦了120块，难得。"

打农药这事也拦不住她，那一桶农药得有四五十斤重，半个姚大妈了。"恩前两年这一桶子水不费劲就甩上肩了，现在不行了，要和二妈互相帮忙拎上肩，老了莫得用了。"我上前想提一提这桶水，桶子纹丝不动。

"妈，你帮我拎上肩，我背背试试。"姚大妈直笑："你这个戏阿里好玩呢，甚哩事情都想试一下。"我蹲下身子把一边肩带背上，姚大妈用力一拎，帮我把另一边也扣好。"宝宝，你站牢，慢慢来。"边说她把手一松，我差点一个趔趄往前一栽，没想到这么重，肩膀完全撑不住。

我一个20多岁的人完全抵不上快70岁的姚大妈。

"打农药这个只有私人还请人了，公家早就不找人打了，用飞机打药呢。"姚大妈那天和姚二妈还有七七八八夏舍的一堆老人，站在桥头背着药桶。

边上停着一辆面包车，车上坐着两个青年人，车后是一台小巧的无人机。“飞机又来啰！恩们哪里打得过飞机呀！”顷刻间，我眼前就呈现出了一副奇异的景象，西边的农田里几十个老人背着药箱呼哧呼哧地打药，东边的天上飞着一架黑色无人机，也在吱溜吱溜地喷洒农药。

古老的苏北平原上，这些被这片土地打磨了一生的老农民们，倚靠着他们近乎本能的忍耐和勤力与现代的器械在进行着这场博弈。虽然无人机早已远胜于他们，但这些老人还是不松懈，想守住自己脚下的这片庄稼地。

“恩们的田越来越少了，老了种不了了，好多都卖给别人了，很快我们这些老人都走了，恩们这个地方就没有了。”

这几天姚大妈又帮村上割草去了，她是村里的环卫工人，这么好的生活不是人人都做得到，姚仁义同志说是书记看他的面子才让姚大妈去做的。

早上6点钟就上工了。“一个小时10块钱。”姚仁义同志伸出一个手指跟我说，“恩跟你妈说公家的生活做做就算了，私人的生活就别去做了，又累工钱又少。你妈偏不听，甚哩生活都去做。”姚大妈大声回：“你噫吧！甚哩生活不可以出去做做呀？天天在家里玩做甚哩呀？马上70岁了，人尕都不来叫你了，趁着能做多做做吧。”

在一旁的舅奶奶也跟着帮腔：“嗯呐嗯呐，还能去做就做做吧。好手好脚的不出去做事苦钱做甚哩呢？当年一天10块钱的工钱，不照样出去做嘛。现在还动不动就百八十块，生活也轻省，为甚哩不去做呢？”

舅奶奶也是最近身子确实不行了，不然早就到处去做生活了。

“恩尕小伙动不动就打电话回来查岗，问恩有没有出去做生活，甚哩都不让恩去做。”

姚二妈这些天也没歇着，到处帮人家糊化肥补秧，天天起早摸黑，4 点钟就起床。

“二妈你累不累？”

“累呀，还是要做啊，恩又没个老保，不做谁给恩钱吃吃喝喝呢？找你们戏阿里要钱，哪有花自己的钱舒服嘞？”

做生活几乎成了这些老人的本能，尤其是这些一辈子都留着一头潦草的短发，精瘦粗犷的农村妇女。她们从不施粉黛，平日里也难得见她们穿上一件体面干净的衣裳。

奶奶的衣柜里摞了一堆各人给她买的新衣裳。“恩们天天出去做生活，哪里穿得上这些好衣裳。”只有过年几天或者偶尔去别人家做客时，奶奶才会脱下身上那些穿了不知道多少年的脏衣裳，认认真真地梳一梳乱糟糟的头发，换下脚上终年的解放鞋或拖鞋，穿上新衣服把自己收拾整齐。“去别人尕做客不要穿上新衣裳嘛。”

“小时候就特别羡慕同学的妈妈，把家里收拾得干干净净整整齐齐的，我妈从来不管这些，家里永远乱七八糟，她一心只想着外出做生活。”姚工有时候也向我诉苦。

得，还真是一个事业型女性。

·35·

姑奶奶
姚玉花

恩做化疗后就去店里买假发，就算病了，恩也要把自己弄得好看精神些。

“莫得命（要命）了，北边李舍在德清玩大船的女人涡死了。”正吃着晚饭呢，姚仁义同志忽然对奶奶说起这事。

“要死了，还年轻呢。”奶奶坐下来叹口气，“在外面玩大船不小心怎么行。”

玩大船是这苏北平原上的人去外头做生活的本事，他们在黄浦江上驾着成百上千吨的巨轮货船，穿梭来往，用最古老的运输方式为长江边上的城市提供货运，这些靠船为生的人被称为船老大。

说起这里的船老大，往上一追溯，就得说到小耳朵的姑奶奶，姚玉花。

“姚玉花年轻的时候嫁到上面于个墩子，一开始是跟着你姑父做个篾匠，夫妻俩编箩筐四处卖，也赚不到几个钱。后来是你姑父那边有个亲戚在浙江嘉兴那边玩大船，他刚好要卖一条船，姚玉花他们就去买下来了。”奶奶提起小姑子时总是连名带姓的。

“那个时候恩们这块还没有人玩过大船哩，恩妹妹和妹夫是第一人。”姚仁义同志对此颇为自豪，“在黄浦江上玩大船你以为是闹着玩玩啦？人尕说‘船上一块板，不是吵就是喊’，说的就是船老大一个个凶哩。”

“就是姚玉花把大尕都带出去玩大船的，老爷也跟着她出去了。但是老爷没有姚玉花凶，做得没她好。”奶奶看了看姚仁义同志接着说，“他最没用，本来指着他也能出去玩大船，结果挂桨机都摇不动。”

我笑到不行，也对此表示怀疑：“你一个当兵的怎么可能摇不动挂桨机？姑姑一个瘦瘦小小的女人都行，你怕就是懒！”姚仁义同志一边喝酒一边没脸没皮地笑：“玩大船苦哩，恩这辈子不想那么苦。”

最初刚认识姚工的时候，他便时常和我提起家里亲戚在上海玩大船的事，以前暑假的时候姚工时常在黄浦江上的大船上一待就是一整个夏天。“姑父和人家打架凶呢，上来就把手机朝人家脸上一砸。”

姚工很喜欢这个我未曾谋面的姑父。“所有人都把我当个小孩子，只有姑父每次见到我都很绅士地和我握握手。”我心里遗憾没能有机会见上姑父一面，但老爷是时常在我们面前晃悠，在他身上我完全看不出来一个船老大的凶悍。

他总是笑眯眯的，说起话来温温和和。“老爷这个人有点软，有时候码头上有人说话很不客气，老爷也笑眯眯的，我们姚家男人都这样凶不起来。”

但姚家的女人却不这样，姑奶奶姚玉花，凶得很。

这阵子姑奶奶从上海回来了，尕来想把于个墩子的老屋翻新装修一下，家里上下没有支持的声音，全都在暗暗说她浪费钱。“恩不管，恩就想住得舒服些。花点钱怎么了？恩不想将就。”

“真是个姑奶奶！”姚大妈有时候也这样说，“这个姚玉花谁人说的都不行，只有她自己说的是最好的。”

某个清晨，天刚微微亮，5 点钟刚过，姑奶奶跑步跑来了我们家院子里，刚好我也站在院子里看着青白色的天发呆，于是我们两个就站在院子里聊起了玩大船的事。

“恩们是于奇 3 岁的时候出去玩大船的，怕是八三年。当时在孬里做铜匠做篾匠，恩们甚哩都干过，养家糊口可以，但是赚不到钱，后来你姑父有个本家要卖大船，他想买下来把我一个人扔在孬里，他和伯华二爷一起去玩大船，伯华二爷懂开机呀，恩们又不懂。”

姑奶奶一边说一边笑，她长得好看呢，瘦瘦高高的，虽然 60 多岁了，但是涂口红染头发跳舞一样不落下，和夏舍其他女人完全不同。“恩当时就不准你姑父跟人孬开，要开恩要跟你一起去开。”

就这样两个人放下了编箩筐的手艺，出去玩大船了。

“后来两个人开船都不懂啊，开始开的甚哩船呀，船头对着那个码头就撞上去了，机子都撞停掉了。两个人都坐在船上，心里恨死了，但那个时候也不知道害怕，反正就又把机器摇起来朝前开。”姑奶奶回忆起来这些现在一直在笑。

我在旁边听着却捏一把汗：“完全都不懂就去玩大船了？”

“一点不懂，我们也不知道方向盘朝哪里，一点方向都没有慢慢弄，反正胆子大得很。”

真是生猛得很。

“恩们一开始是在嘉兴开，小水泥船挂桨机，才 15 吨，到处装沙子卖，开了 10 个月就把小船卖掉了，又调了一个大一点船去桐乡乌镇装水泥。”

“连船都不会开，别人怎么敢把货给你装？”

“我们自己联系，别人又不知道我们不会开船。一开始装沙子，后来运气好找到个固定的水泥厂。当时我怀着小静子呢，你姑父他把我放在岸边，他说‘恩去送水泥了’，结果把一船水泥全沉掉了。”姑奶奶说到这儿还是笑。

船上讨生活，货沉了人没了似乎都是常态。“跟恩们一起玩大船的一对夫妻的儿子放假了，儿子中上吃饭的时候还好好的，吃完饭一个人回舱里说睡一会儿，等夫妻俩再去舱里连个影儿也没了，都不晓得是甚哩时候踏下水了。那么大的长江，上哪去找呀。”

在浙江装水泥几年后，姑奶奶他们就去上海赚生活了。“恩们很勤力的，年轻的时候从来不睡懒觉，每天凌晨 3 点钟就起来，睡不着。在黄浦江上装钢材装棉花装白糖装粮食，江上有个调度，恩们就负责装货卸货。那个时候一个月能苦到一两万元，多的时候能有三万，苦到钱了那会儿。但是也很辛苦，夜里熬夜走长江，要跟潮水呀，顺水走点水，逆水就走不动了。”

这中间他们调了很多次船，一次比一次大。“次次都是恩要换的，只要手里有一点钱，恩就喊你姑父去换个大船，大船装得货多，才有机会赚到钱，那时候到处借钱借高利贷，恩们也不害怕，慢慢苦慢慢还。”

姑父开了没几年船就生病了，得了个牛皮癣，这之后都是姑奶奶一个女人驾着 800 吨的货船走长江。“都是男人开船，女人开得很少。没办法呀，你姑父 30 多岁就生病了，恩们又不会读又不会写也没个文凭，靠甚哩生活呢？回家种田是苦不到钱的，只有玩大船还能养家。”

不过，姑奶奶这个瘦弱的女人能摇动大船的挂桨机，也是花了大代价才有的力气。“恩一开始摇挂桨机，当时肚子里怀着宝宝呢，一摇宝宝就掉了，掉了好几个宝宝，小静子是第五胎了。肚子后来就抓不住宝宝了，小静子是保胎保来的。”

不过姑奶奶对这个来之不易的女儿却更多的是遗憾之情。“当时要是生个儿子就好了，两个儿子总有一个是有用的。”

于奇表哥当年死活不肯接手船，不想去黄浦江上做船老大。“他嫌这个苦，又赚不到大钱。后来在外面晃了好几年，也没混出个名堂来，只能来上海跟着我们跑大船了。”

一代人有一代人的玩法，于奇表哥始终不愿意和父辈那样只守着一只大船，他开始在岸上跑，似乎是做起了物流，四处找货然后再找江上的船老大们装，但具体是怎么个做法姑奶奶也不清楚。

“恩看不懂他做甚哩了，当初他非要把恩们的大船给卖了，你姑父也同意，只有恩死活不肯，当时你姑父气得用拐杖打我，棍子都打断了恩也没松口。”

确实是姑奶奶。

老爷做得一直不太好。“你老妈死活不让老爷调大船，小船人家后来就不找你装货了。”老爷前两年在黄浦江开船装货时，摔了个重伤，在医院和家里养了很久，元气大伤，大船也卖掉了，现在天天在家里打麻将，偶尔去常州给老妈搭把手一起给女儿带孩子。

“这个姚玉花一生也可怜呢。你姑父年轻的时候就得了病，夫妻俩就不能在一起了。他对她好的时候莫儿里好，甚哩都买给她，但是打起来也莫儿里凶，说不上个什么事就把她打一顿。你姑父三兄弟都传他爸的代，他爸年轻的时候打他妈也打得凶呢。”姑奶奶走后，奶奶忽然和我叹气。

姑父前几年据说是因为实在受不了病痛的折磨，在一个夏天的清晨，家里人发现他在老屋房里自缢了。

姑父走了没两年，姑姑查出乳腺癌晚期，动了大手术也做了很长时间的化疗。“恩做化疗后就去店里买假发，就算病了，恩也要把自己弄得好看精神些。”

这就是姑奶奶，在她身上我仿佛看到了当年曾同样得乳腺癌的苏珊·桑塔格的影子，那种天然的野蛮生命力带领她们一次又一次在生命凶险时，凭着更强悍的意志力化险为夷。

“恩手术后就四处借钱买了个大船，原先的1200吨的大船分给你表哥了，这个大船是恩自己的，恩请人开，赚的钱恩自己用，清清爽爽。”

但姑奶奶终不是桑塔格，在装修老家房子时，挂在嘴上的总是“儿子同意弄恩就弄，儿子不同意恩也没办法弄”。

·36·

船上的家

世界上某个不为人知的港湾里，今晚睡着的这一对老夫妻，他们操持着旧手艺，赚着并不多的钱，船在哪里家就在哪里，白天的船篷下是船舱，晚上的帘子底下是他们的床。他们不知道什么是精进，没想过改变世界，他们只是勤劳本分又辛苦地生活着。

“莫得命！莫得命！莫得命！”爷爷某天下午接到一个电话，脸色肃杀，反反复复就这一句话。

挂了电话，还没等我问呢，他就急急忙忙地大声对小耳朵说：“宝宝，我们以后只在家里玩玩吧，不去水边了。”说完拿着手机，似乎是对我说又似乎是自言自语，“恩一个黄芦沟的老战友前个刚从吴江把孙子带回来，更个孙子就冲进河里淹死了，莫得命！莫得命！真是要把人吓死呀。”

这是我第一次知道黄芦沟这个地方。

“黄芦沟那个地方块块是水，全是渔民。”姚工说起他有个以前的同学就是黄芦沟的，“他们家在岸上没有地也没有房子，放假就回船上，船就是他们的家。”

后来我转身就把这件事这个地方给忘了，爷爷奶奶紧张了几天后，似乎也把这件事忘记了，又由着我们带小耳朵去沿河边玩。

那天我们又打算去买鱼，但是那对老夫妻还是没来掌鱼。我们沿着岸边的南大围一路往西走，远远地看见一条稍大的渔船，男人站在船头拿着根长竹竿，一直在水里戳。这是一条机船，老远就听到“嘟嘟嘟”的声音，最开始我们以为这是在电鱼，后来才知道原来是在弄螺螺，既然买不到鱼，那就买点螺螺吃吧，我们便站在岸边等着这条船。

船慢慢地驶进一个小港口，船上还是夫妻俩，应该也有 70 多岁了。男人穿着一身原本应该是黑色，但现在褪成了灰蒙蒙的外套，一头灰白的头发，正在撑着竹竿，让船慢慢地靠岸。女人头上裹着一块红绿相间的头巾站在船侧，身子趴在船篷上。

我们站在岸边大声问卖不卖螺螺，才发现原来他们弄得都是小螺螺，专门卖给养螃蟹的人当饲料。

“你们是哪块人呀？”姚工抱着小耳朵奔到了河岸边。

“恩们是黄芦沟的哟。”

又是黄芦沟。

“晚上就在船上住呀？”

“嗯呐，就在船上住呢。”

不知道晚上躺在渔船里，听着船底的水流声入眠究竟是怎样的感觉。我们说话间，女人已经从船侧走到了船头，开始淘起米来准备做晚饭了。船旁边挂着一大块帘子，女人收起船篷把帘子放了下来。那是一块很有质感的墨绿色丝绒帘子，映衬着周围的水草、船底绿色的湖水，竟然出奇地美丽。

70 多岁还靠着这点手艺苦钱，但辛苦并没有让他们选择随便应付自己的生活。你一眼就能看出来船上的女人正在仔仔细细地操持着这个在船上的家，这一抹墨绿色的帘子能让你感觉到他们的生活有时候也如春水般温柔。

日头完全落下了山，这一湾小小的避风港，今晚就是他们停泊过夜的地方。我抱着小耳朵看着女人忙忙碌碌地做饭，小耳朵显然也看得入迷。

在城市里待久了，会以为这个世界所有人都在急速前进，创新、创业、融资、精进、改变世界；会以为家只有一种选择，就是在某个小区里买一栋高楼公寓，然后把它装修成北欧风、复古风、清新风。

其实世界是如此远阔，我们知道但是我们却又不知道。世界上某个不为人知的港湾里，今晚睡着的这一对老夫妻，他们操持着旧手艺，赚着并不多的钱，船在哪里家就在哪里，白天的船篷下是船舱，晚上的帘子底下是他们的床。他们不知道什么是精进，没想过改变世界，他们只是勤劳本分又辛苦地生活着。

·37·

寻路黄芦沟

到底是土地更能接住我们人类的野心、爱恨、骄傲、痛苦，还是那片水域更能承载我们对生活的想象？

我决定要去黄芦沟看看。

“恩们年轻的时候，夏舍的人都去黄芦沟挑河呢。”奶奶吃午饭时给我们讲起了他们挑河的事情。

“我都记得小时候跟着他们去挑河。”姚工之前就跟我说过小时候经常跟着爸妈四处去挑河。

“没人带呀，那个时候就跟小耳朵差不多大吧，只能带在身边，要赚工分哩，你姑姑他们在上海跑船呢，去不了就交钱吧。”几十年前爷爷奶奶还在出劳工。

“就在别人家住吧，地上垫些稻秆就睡通铺吧。男人用大铁铲子挖河，妇女就挑河。”我追着奶奶问当时的情形。

“那爸就挖河？”

“他哪里挖得了，他做不了这种活路，就帮大家烧饭带孩子吧。”

哈？仁义同志年轻的时候就这么弱了……

听的越多我越想去黄芦沟看看，到底是个什么样的地方呢。

姚工，我不得不再一次称赞他，不愧为丈夫界的楷模，没有任何怨言，在近30摄氏度的烈日正午骑着摩托车带着我去寻找黄芦沟。走之前我们问爷爷奶奶还有正在家里喝酒的文勇大爷：“黄芦沟具体在哪呢？”结果三个人三种说法，得，只能靠自己了。“是不是在射阳河边？”文勇大爷非常肯定地告诉我们：“对的！”

那就抛下小耳朵出发吧。连高德地图上输入“黄芦沟”都找不着地方，但姚工信心满满，找到射阳河就行。

正午的太阳晒得人发昏，摩托车配套的唯一一顶头盔，姚工执意要给我戴，我感觉我的脑袋起码有三十斤重，简直汗流浃脑壳！又热又晒又困，我坐在摩托车后头，怎么都想打瞌睡，路上几乎没什么人，沥青路上感觉都在冒烟。

“是不是脑壳有包？为什么要去黄芦沟？”但姚工看起来兴致比我还高，我感到一阵迷惑……

车子在烈日下骑了近一个小时，路过了好几个村庄，始终没到，眼看就要上一座大桥了。我们抬头一看“扬州界”，嗯？怎么回事？艳阳四月怎么莫名其妙下扬州了？

姚工拿着地图琢磨了一阵，胸有成竹的样子。“我们就是沿着射阳河绕了个圈子，没事，下桥肯定能到。”

下桥迎面转来一辆水湖蓝出租车，尘土飞扬，车牌号是苏K，我就这样莫名其妙来到了扬州。这地方叫射阳镇，水域非常丰富，四处都是纵横交错的河流，河岸两边停满了渔船，船上晒着被子、晒着衣服、种着盆栽、装着空调，还有太阳能热水器，和我们在地上的家没什么两样嘛。

路边商店里人们都昏昏沉沉地坐着。虽然我去过许多地方，虽然我脑子里确实“知道”这个地球上有许多我未涉足的地方，有许多人正在我不知道的地方用我不知道的方式生活着，但站在桥上看见这些渔船，看见镇子上每一个陌生人，我还是感觉到惊讶，这种惊讶让我在这个烈日的正午，生出一种似乎并不是在一个真实世界的奇幻感。

我们骑着摩托车走走停停，一路上遇见了许多不同的渔船。

有的渔船上居然还修着两间土黄色的小瓦房。“这个以前肯定是条件比较好。”

有的渔船的外墙仔仔细细地贴着瓷砖，有的渔船就像日本的木质小酒屋，里面打扫得干干净净，甚至有的渔船上居然还有烟囱。

有的渔船停靠在岸边，就在岸上圈块地种青菜大葱，旁边还修了个鸡窝养鸡，水里还游着一群鸭子。“他们是不再出船了吗？”

姚工有很多亲戚是跑船的，他们也曾以船为家，他自己也在亲戚的船上住过。“以前在船上很乏味的，也没有电，又热。”

在那些乏味孤独的航程中，船上的人们应该也曾有冲动一跃而下跳进岸上的世界吧？这漂泊无根的家是否曾让他们心底有过恐慌？而我们这些在岸上的人，却又在烈日下探头探脑地偷窥着他们船上的生活，想象着里面的人生也许更奇幻一些。到底是土地更能接住我们人类的野心、爱恨、骄傲、痛苦，还是那片水域更能承载我们对生活的想象？

继续往前骑，麦浪一波又一波，直到我们看到一块硕大的牌子写着“黄土沟”，才知道原来是我们弄错了名字，这个名字实在是让我有点失望。难道不是因为这里的水域荡漾着成群的芦苇，所以才叫“黄芦沟”吗？怎么会是这样土里土气让人莫名泄气的“黄土沟”。

当我们终于骑过大桥，骑进黄土沟，才发现这里的人似乎也对这个名字感到难为情。

“恩们这块小名叫黄土沟，土里土气的，大名叫自强村。”呃……对比之下黄土沟显得可爱多了。

村子里寂寂无声，商店的货柜上摆着成包的白糖、蜜枣、冰糖。“我们小时候去拜年，一定要拿这些。”时间在这里似乎还停留在几十年前。

“你们更个来做甚哩呢？从哪块来的呢？”女店主见有人来了精神一下子高昂起来，终于可以说点什么了。

“恩们来玩玩吧，看看以前挑河的地方。”

“挑河呀，那都是几十年前的事了，那个时候来的人多哩，都落住在恩们这块呢，挑的都是大沿河。恩们这儿现在有甚哩玩头呀，人都出去了。”

老板卖完饮料给我们，转身就坐到小板凳上和对面的邻居埋头刷抖音，得，时间又回来了。

但是站在货柜前望着她们的我，却似乎被卡在了时间的缝隙里。今日究竟是何世？今世究竟是何日？

这里房屋比夏舍密集得多，以前应该是很闹热的一个村庄，可是现在，往前走看到的全是废弃的瓦房，河里漂着许多水草，竟然让我想起《哈姆雷特》里奥菲利亚死去的那条河。

我们继续骑着摩托绕着村子转悠，屋子前后左右一不留神就是一片小河，在这里养小孩，应该更惊心动魄吧。我忽然又想起爷爷那个战友和他的孙子，心生唏嘘。转弯又看见几个老头聚在巷子里坐在门槛上乘凉，头顶门帘上写着：“上帝爱世人，耶稣救万民。”

坐在门洞口里光着上身佝着背的老头，紧闭的房屋，生锈的大锁，门前的燕子，泛黄的油菜和麦子，烈日下零零散散的几个老太正在菜园子里除草。

“这就是黄土沟啊。”

·38·

立夏

“立夏要吃甜菜呢，才不会瘦夏！”

“啥意思呀？”

“就是夏天不会瘦吧。”

居然立夏了。

早在冬天的时候，奶奶就抱着小耳朵出门从邻居家得来了一个蓝色小鱼的蛋兜。“立夏的时候要吃蛋呐。”

前一天朋友圈铺天盖地的全是前浪后浪青年节，但是夏舍的人可一点都不知道也不关心这些，他们在忙活着准备明天的立夏。“金刚麒哎，卖金刚麒哎。”一个老太骑着辆自行车，车子后座挂着个小箱子，正在叫卖。金刚麒是夏舍这边的一种糕点，金黄色，吃起来很香。“明天立夏要吃金刚麒。”

傍晚我们正在屋头吃饭呢，东边一个老太拎着三个大鹅蛋推门进来。

“去年欠你们的蛋呢。”

爷爷奶奶连连摆手：“哎呀，不要不要，我们蛋多呢。”

“明天立夏嘛，今年宝宝在呢，不然我不会来还呢。”

立夏这天，小耳朵刚起床，奶奶就已经把鹅蛋揣进来了，小耳朵挂上他的蛋兜，装上鹅蛋，兴奋地在院子里跑来跑去：“大蛋，大蛋！”跑去二奶奶家，二奶奶又给蛋兜里放了一个蛋，只是夏舍只有小耳朵这么一个小孩，想撞蛋都找不着人。

我小时候立夏是没有这些的，倒是端午节的时候，妈妈早早就会给我们钩一个蛋兜。那天一大早我们就急不可耐地挂着装着咸鸭蛋的蛋兜出门，四处去找小伙伴撞蛋。

晚饭后和姚工去散步，他也讲起小时候立夏撞蛋的事。“那个时候村子里很多小孩，立夏那天就拿着蛋四处去敲蛋，鸡蛋最先上，然后是鸭蛋，鹅蛋是最厉害的。”我忽然想起妈妈，她以前总是和我们讲她小时候撞蛋的事情。

“还有一个月过端午，我就去河边找鹅卵石了，找到和蛋差不多形状的，每天都跑到码头上磨石头，过节的时候，把石头涂成红色出去跟别人撞蛋，打遍天下无敌手，赢了很多蛋！”

“那被别人发现了怎么办？”

“我早就把他揍倒在地，看他还敢怎么样！”

小耳朵小时候，妈妈小时候，爸爸小时候，外婆小时候，大家都曾挂着个蛋兜奔来跑去。一代又一代，就是因着这些共同的经历，共同的童年记忆，死亡才不能轻易把我们阻断。虽然小耳朵见不到外婆，但是等有一天他问起我外婆是个什么样的人，我就可以把撞蛋的事讲给他听。

小耳朵就会知道，妈妈的妈妈，他的外婆，是一个狠角色！哼！

奶奶刚刚跑去菜园子里摘了一把甜菜回来。

“立夏要吃甜菜呢，才不会瘦夏！”

“啥意思呀？”

“就是夏天不会瘦吧。”

天呐，外面的世界大家都在愁苦日益肥胖的身形，只有夏舍的人才会在立夏这天还时刻提防着夏天的消瘦。

·39·

蚕豆熟了

农民对这个世界的耐心和忍耐，胜过所有的花开花落，胜过一切植物的生长与衰败。

每天去沿河边，我们总是要经过蚕豆大道，这是姚工起的名字。“好了，小耳朵要下车了，我们要经过蚕豆大道了。”

蚕豆大道两边种着密密麻麻的蚕豆，随着立夏越来越近，蚕豆也越来越圆滚滚，小耳朵每次经过蚕豆大道都要拽下一个，剥了立马把生蚕豆往嘴里放，嚼得一脸陶醉。刚刚摘下来的蚕豆翠绿，让人确实忍不住想立马放进嘴里。

我从来没想到能乡居这么久，每一天经过蚕豆大道都让我舍不得这一天的结束。“又过去了一天，这样的日子不知道还有多久。”恨不得时间就此打住，这一生永远永远就过眼下的这一天吧，但有时候又感到羞愧，每天外面的世界那么多的坏消息传来，我却偏安于一隅。所有人写的文章都像疾风骤雨，你批判我我批判你，这些密集快速的信息快要把我淹没了，我赶紧把手机关了，带着小耳朵跟着奶奶去摘蚕豆。

我们从清明就开始盼着吃新鲜的蚕豆，不停地问爷爷奶奶：“蚕豆能摘了吗？”急不可耐的姚工还曾在镇上的超市买过一回。“蚕豆不能切呢，现在还太嫩了，不好切呢，立夏后的蚕豆才好切。”

姚工说他们小时候都是把蚕豆串起来挂在脖子上，想吃的时候摘一个，爷爷说他小时候也是这样。哈，我也要给小耳朵做一个！

“现在还不能去摘呢，等露水干了，日头出来了再去吧。”等啊等啊等啊，我左忙一会儿右忙一会儿，每看一次朋友圈就心烦气躁一点，竟然都忘了要去摘蚕豆，直到傍晚才想起来。奶奶不急不慢拎上篮子，喊上隔壁的二奶奶，我拖着坐在扭扭车上的小耳朵，一起往北走。

蚕豆一个个饱满多汁，越在下面的豆子，越是膘肥体胖。小耳朵蹲下来蛮力胡扯：“豆豆，豆豆。”除了蚕豆，奶奶还种了许多豌豆，这几个月我们时不时就跑到地里掐一把豌豆尖，现在终于也可以吃上豌豆了。豌豆嫩得很，我拿着剪刀，在豆丛里翻找，小耳朵忙着把豆子从篮子里扒出来，剥开又放进嘴巴里，剩下的就揣进胸前的口袋里，奶奶和二奶奶在一旁拉呱闲谈。

“这个是草豌豆，这个才是洋豌豆。”

“他尕蚕豆好呢，恩家蚕豆种还是老种。”

“多摘点，留下的这些做种够了。”

“等这些蚕豆都收了，就要来点黄豆了。”

在乡下，什么时候该做什么事，农民们心里清清楚楚，总是不停地忙忙碌碌，种下收割，再种下再收割。日复一日年复一年，一辈子都是这样，他们关心庄稼的收成，关心田里的麦子、地里的菜秧，他们没有时间再去关心这世界的巨浪什么时候会涌到自己的面前。

“要快点吃，豆子老得很快的，小满就枯了。”奶奶一边摘一边说。

我脑子里立马出现了“麻烦”两个字。费劲地把蚕豆种下去，时不时来除草，等啊等啊等啊，冬天过去了，春天过去了，直到夏天好不容易吃上了，又只有一周的赏味期。这期间无论是人还是蚕豆都得有多大的耐心和忍耐才行。

在夏舍待久了就发现不仅仅是蚕豆，很多蔬菜农作物都是这样，小青菜种下去，只能吃那么几天，很快就老了，茼蒿一转眼就开出花来了，大蒜忽然就老得下不了锅了。

但这并不妨碍夏舍的人们日复一日年复一年地耕种他们的田地，农民对这个世界的耐心和忍耐，胜过所有的花开花落，胜过一切植物的生长与衰败。

傍晚的夏舍非常安静，摘完蚕豆回来的路上，奶奶和二奶奶又停在路边一小块菜地旁，菜地里长满了小青菜，她们顺手扯了一把青菜回家。小耳朵也冲上去，拔起一根，自己随之往后一屁股坐到了地上，青菜根须上的泥全撒在他脸上。

我看着眼前的这一切，心里头忽然又平静了下来。这属于我们的美好日子，为什么还要感到不安呢？我应该大胆地享用。

晚上奶奶炒了一碗豌豆，小耳朵急不可耐："豆豆，豆豆。"刚给一个，立马又"豆豆，豆豆"。这段乡居生活，小耳朵长大后应该是不会记得的，但是我想他的灵魂会因此而有些不一样。

·40·

立夏后的一场暴雨

下雨天夏舍的人反正也没什么生活好做了，连燕子都一只只地在屋檐下盘旋，夏舍的人也一个个地坐在屋檐下或者灶膛前……

早在冬天夏舍下雪的时候，我就发现小耳朵缺了一双雨鞋，我们用塑料袋套住他的脚，他便三步一滑倒在雪地里打滚。立春后雨水多了起来，看着雨水如注从屋檐上哗哗啦啦落下来，小耳朵总是要拽着奶奶一起去屋檐下伸开手接雨。雨还没完全停，还细雨密如针呢，小耳朵可不管这些，畅畅快快地冲进了雨里，四处去踩水。

是时候给他买一双雨鞋了。

因为小耳朵最喜欢的绘本是关于一只青蛙的，整本绘本就是不停地——呱呱、呱呱、呱呱，刚好姚工大学同学们都亲切地喊他“呱”，我便兴冲冲地给小耳朵买了双呱呱雨鞋，嫩绿色的一对小青蛙和夏舍的春天很搭嘛。

拥有了呱呱雨鞋的小耳朵，从此踩遍了门口的水坑。

每到下雨的时候，前头的小娟拿着把长柄大伞，穿着蓝色的套鞋走来我家，隔壁的二奶奶也来了，小耳朵才刚醒，还趴在奶奶的肩头看雨，这是他一天中最安静的时候。“宝宝，下雨啦，又可以穿套鞋啦——”小娟和二奶奶喜气洋洋地和小耳朵说，尾音拉得老长，小耳朵一听套鞋立马抿嘴笑了起来。

我们便给他穿上雨鞋，姚工撑上大伞，勤勤恳恳地给儿子遮雨，两个在门口走来走去，踩完一个水坑又找下一个水坑。

下雨天夏舍的人反正也没什么生活好做了，连燕子都一只只地在屋檐下盘旋，夏舍的人也一个个地坐在屋檐下或者灶膛前，只要小耳朵经过家门口，便立马喊："宝宝，套鞋美呀！来踩水！"

立夏后，夏舍下了一场大雨，雷声也跟着轰隆隆。

"更个这个雨一下，后头西北风一刮，麦和油菜就要熟了。风刮刮，根晃晃，菜籽和麦一样嘞，更个还是青的，明个就黄了。"爷爷望着屋外头的大雨，"这场大雨一下，屋后头的笋子也差不多能切了。"

"以前大雨一下，河漕里的水溢出来，鱼都会跑到田里。用铁铮子能掌到不少鱼哩，还能用伢子掌到猹鱼，那时候鱼多嘞，现在没有鱼咯。"奶奶这个鱼精时时刻刻心里都在惦记着鱼。

"是不是被你掌完了？"

"宝宝，我能掌多少鱼哟，别个都是用电麻鱼呢，大鱼小鱼全麻了。"奶奶似乎怅然若失。

"恩们小时候，十啦岁，用卡子，用芦柴弄线卡上，竹签子把活鲜穿起来，鳅鱼切了就挂住了，早上一拔，直跳。"奶奶往我们铺上一坐，突然兴致勃勃地说起了自己小时候钓泥鳅的事。"这个是过去嘞，多少年了？"奶奶从铺上起身往堂屋里走，"怕是有五六十年了。"外头的大雨哗哗啦啦几乎盖住了奶奶的这句话。

"这个雨这样直下下去，麦都淹了。"爷爷望着外头的雨。

穿着呱呱雨鞋的小耳朵又想跑到外面玩，被奶奶一把抱住。"宝宝，外头下这么大雨能出去呀？不能出去呢，小燕子都尕来啦。"

·41·

栽山芋秧子

雨完完全全停了，桥头站了好些人，趴着倚着抱着手坐着，兴致勃勃地往河里看。我赶紧奔过去也把头探过去，河里啥也没有嘛，除了水草还是水草。这些人一天天的也不晓得到底在兴致勃勃个甚哩！

一场大暴雨后，奶奶提着小量子，小量子里装着她清早逢集去买的山芋秧子和肥料以及豆饼。隔壁二奶奶也挽着个小量子走了过来：“大妈，走啊，去把山芋秧子栽了。”

大雨后的夏舍，四处都清清爽爽，头顶的天透亮，大叶子杨格外嫩青。国华大爷站在桥头晃悠，看见我便哈哈哈笑起来：“你又跟着去栽山芋呀？又落不到吃，歇歇玩玩吧，怎么跟你婆婆一样勤力呢。”

“这个戏阿里好玩呢，天天跟个下乡女知青一样。”姚大妈指着拎着把长柄大伞跟在她们身边的我。

北边公路旁的一点点荒地，姚大妈姚二妈相中很久了。“这一点点地方够了，恩们能吃多少呀？”两个人一人买了50根山芋秧子，花了10块钱。

“栽山芋不能直着栽嘞，根子要弯下来放，才长得好。”二奶奶栽山芋时手法纯熟得很，姚大妈扛着把锄头在挖洞，把小量子里的肥料、豆饼和在一起，我这个“下乡女知青”其他的都干不了，但是往洞里抓一把肥料这事干得还不错。

“山芋什么时候有得吃呢？”

“早呢，收稻的时候才有得吃呢。人家北边鱼塘里去年收的山芋大的有几十斤呢。”姚大妈语气里全是艳羡。

100根山芋栽起来一点也不费事，不到一个小时就完事了，下过雨的地，踩一脚鞋底粘几斤土。栽完奶奶去旁边的河漕里用小量子拎水，我站在岸边接过来一棵一棵地浇水。手无缚鸡之力说的就是我，拎一下量子水，姚大妈姚二妈不费个事，可我却走得东倒西歪，好几次差点栽跟头。

“说了叫你别来，非来，弄得一身兮脏吧，你就在家里歇歇吧，天天学习还要跟着我做这些生活，你这个戏阿里。”姚大妈看着浑身是泥、满头大汗的我，不停摇头。

“栽点吃吃吧，恩们也吃不了多少，但是你吃别人的，还得有个人情呢，恩们家里自己栽清爽，又不费个事。”二奶奶挽着小量子，“宝宝，尕去了。”

刚走几步，姚大妈和姚二妈忽然站住，手齐刷刷指向北边，“宝宝，快拍拍，麦田里全是雀子，好看呢。”

又走了几步，两个人往路边一拐：“这个蚕豆好看死了，你看，一个个满得很，恩们那块地不行嘞，好些年了，回头要去找块新地种种。”

雨完完全全停了，桥头站了好些人，趴着倚着抱着手坐着，兴致勃勃地往河里看。我赶紧奔过去也把头探过去，河里啥也没有嘛，除了水草还是水草。这些人一天天的也不晓得到底在兴致勃勃个甚哩！

·42·

打粽刺

好在经过大家手把手的教学，我总算分得清芦柴和芦笋了，感觉自己和夏舍的关系又近了一步，不禁勇猛地冲进芦苇荡深处，一低头赫然发现自己竟然正站在人家坟头上……

“大妈呀，更个去打粽刺啊？”大清早二奶奶就夹着个小布袋子到院子里来问奶奶。

刚说完，小娟已经穿着套鞋揣着口袋走过来了：“恩也去。”

打粽刺到底是做甚哩呀？我怎么又没听说过。

“她们要去摘粽叶，你要不要去？”还好有姚工这个人工翻译机在，夏舍的生活怎么每天都有节目。

“怎么现在就去打粽刺？还有很久才过节的嘛。”我感到困惑。

“等到过节粽刺都枯了，再说那个时候恩们忙哩，收麦种稻哩，没个闲时候，先裹好吧。”二奶奶背着手穿着个套鞋。

“你去呀？”奶奶换上套鞋问我。

我还要工作的嘛，真是愁死人了。

“一个时候就尕来了。”

嚯！那么快，那就走嘛！说话间我已经换上了我那双波点套鞋，时尚管用。

“带上宝宝吗？”我心里惦记着我那正在鸡窝边探头探脑的儿子呢。

“不带不带，远着哩，在北边李家舍呢。”我对夏舍人的远近观早有领教，在他们看来去趟一公里外的大铁桥简直是境外游，“跑那么远，都跑到大铁桥了！”

但听说这一路都是烂泥不好走，我也就作罢了，让儿子继续在鸡窝边探头探脑吧，妈妈要去打粽刺啦，虽然妈妈到目前为止还并不太清楚粽刺长什么样。

小娟、奶奶、二奶奶三个人各夹着个袋子走在前头，东边的韭菜墩子瞅瞅，西边的竹林子里望望。

“黑麦熟了，过个时候能收了。”

“恩前天种的瓠子回头还要来浇水呢。”

“你看林子里冒莫几里笋子了，吃不济呢。”

三个人走得慢慢悠悠，拉呱闲谈，遇上每一个邻居都要被问：“你们去做甚哩呀？”三个人停下来回上一句：“恩们去打粽刺啦——”走在她们身后的我，着急活忙的，这慢吞吞的架势，别说一个时候了，就是十个时候也不得尕来呀！

终于走过了北大围走过了榨油的那家屋子，前头三个人在一个小路口停下了，商量着怎么过去。眼前全是烂泥路，西边是一个很大的养鹅场，成百上千只大尕鹅在泥地里水塘里。

二奶奶抬腿跨过一道绿色的网拦子，跨进了养鹅场。奶奶抬手向我指了指对面：“恩们去那块打粽刺。”

远远地迎来了一个穿着蓝布中山装的老头，在夏舍已经算很年轻了，大概60来岁，身上全是泥。奶奶和二奶奶还有小娟这三个人又直直地站在这个老头前，开始拉呱闲谈。

“亏了，老板亏了百十来万呢。今年市场不行哩，鹅子卖不出去。”

老头一边说一边挠头。

“呐，让妈妈的，亏这么多哩！”二奶奶把夹在胳膊下布袋子拿到手里，用力一抖，拉高嗓门，似乎这百十万里有她一份。

“不是还有这些财产嘛，亏不到伤心。”奶奶指了指眼前一串的大尕鹅。

“嗯呐嗯呐。”小娟两只手背在后头，点头附和奶奶。

老头抱着手憨笑：“你们去打粽刺吧。”是呀，你们三个可干点正事吧！

我们走过一片稀烂的泥地，最后停在一片芦苇荡边，成群的大尕鹅惊得四处逃窜。“芦柴的叶子就是粽刺吧。”奶奶晓得我啥都不懂。

“让妈妈的，让别人前个来打过了。”二奶奶撩起袖子奔进芦苇荡里。“嗯呐嗯呐。”小娟跟在后头赶紧也往芦苇荡里钻。

我笨手笨脚地老把粽刺给扯破了，左挑右选总算是手里打了一把，奶奶挽着一袋子粽刺走到我跟前：“宝宝，你这个不行呀，这个是芦笋的叶子嘞，包不起来，要打芦柴的粽刺嘞。”

让妈妈的，它们长得一模一样嘛！

好在经过大家手把手的教学，我总算分得清芦柴和芦笋了，感觉自己和夏舍的关系又近了一步，不禁勇猛地冲进芦苇荡深处，一低头赫然发现自己竟然正站在人家坟头上……

打个粽刺真是不容易。

·43·

夏天的一场雪

这些天飞絮越下越多，越下越密，大朵大朵地落在麦田里，落在油菜上，落在院子里，落在房檐上，落在每个夏舍人的头上，就像一场持续十几天的夏天的雪，四处都白眉白须的。

都记不清是哪个早上起来，天上突然飘飘洒洒全是白色的飞絮。“下雪了吗？”刚从床上爬起来的我整个人都迷糊了，冬天苏北平原上下雪也是这个阵势。

“都是大叶子杨上的嘞，每年这个时候都要下絮，这样的天气要有十来天。”奶奶拿着把大笤帚正在扫院子，停下来手往前头小娟家屋顶上一指。

我只知道柳絮，却从不知道杨树也要飘絮，到了夏舍时时感觉自己孤陋寡闻没点见识。

往西边走两步二爷家前头的荒地上就长了好些大叶子杨，往东边走就更不用说了，刚过桥，油菜地上就长了一大片大白杨，往前头再走段路林子里也全是大叶子杨，往南边南大围上也种满了，夏舍真的块块是大叶子杨。

这些高高大大的杨树，冬天的时候一片叶子也没有，灰不溜秋，光秃秃的树枝上全是鸟窝，荒凉得很。忽然有一天前头的大叶子杨冒了芽，之后就长得飞快，立夏之后，红砖灰瓦的屋子上，大叶子每一片都在太阳底下发光。不管白天黑夜，风一刮，坐在屋头隔着窗户玻璃都还能清清楚楚地听见外头大叶子杨“哗哗哗哗”。

这些天飞絮越下越多，越下越密，大朵大朵地落在麦田里，落在油菜上，落在院子里，落在房檐上，落在每个夏舍人的头上，就像一场持续十几天的夏天的雪，四处都白眉白须的。

下晚我和小耳朵坐在二奶奶家的院子门槛上吃着炒米棒子，光溜溜的水泥门槛比凳子坐着就是要舒服些。脚下全是飞絮，小耳朵举着根炒米棒子追着还飘在空中的飞絮：“雪、雪、雪。”旁边笤帚下落了一片飞絮，我和小耳朵一点点捡起来攒在手里，捏起来绵绵密密，有时候里头还裹着一个三角形的壳子。

晚上我们坐在院子里吃饭，飞絮飘到桌上飘进菜碗里，有时候一不小心就吃进了嘴里。

“恩们种了好些大叶子杨呢，南大围那里还有好几棵，种来卖吧。”奶奶看着这些飞絮忽然说。

看不出来，原来我们家真是林业、畜牧业、农业齐头并进！“这么大的杨树能卖不少钱吧？”我指着院子前头的杨树问奶奶。

“宝宝，卖不到多少钱噢，前个时候把屋后头那棵大树卖了，怕种了有 20 年了，卖了 2500 块。”

“也太少了吧。”我难掩失望之情。

“农村里头就是这样子吧，这里弄一点碎钱，那里弄一点碎钱，凑着生活吧，种树清闲呢，不费多大的事。”奶奶对种树这个生活没有什么不满意的。

“就是种了树的地方，长不出来东西，日头全被挡住了。种了一季油菜只能荒着了，点不了黄豆，罢了吧，多大个交易。”爷爷也觉得没有什么不好。

·44·

晒稻

姚工和奶奶一起担着一袋子稻回粮食间，扁担压在 70 岁的奶奶肩头没有任何反应，但是青年人姚工却被扁担压得背都弓起来了。

立夏后的夏舍越来越热，日头越来越大，这么大的日头，刚好用来晒稻嘛。

这些稻子都是去年收的，留着吃或者留着做种子。时间久了，都要搬出来晒晒才行。

最先开始晒稻的是隔壁二奶奶，院子里铺满了稻子，小耳朵第一次见到这架势，在稻子里走来走去，抓起一把稻子就准备往鸡窝里撒。

“让妈妈的，恩前个去卖稻了呢，才一块二一斤。恩去年湿的都一块钱一斤，收回来晒稻子把恩累死了，也赚不到几个钱，不划算呢！”二奶奶一边收稻一边气呼呼地埋怨。

“麦子更便宜，卖到一块钱一斤就不丑了，种田寻不到钱嘞。”

二奶奶家和我们家一样只有薄田几亩，收不到什么庄稼，寻不到钱。不过夏舍也有种田大户，但这个大户到底是谁，长什么样子颇为神秘，反正我是没搞清楚。某个清晨小耳朵照例眼睛一睁，光起脚板就从床上往院子里跑。

“奶奶，奶奶……”

“宝宝，奶奶帮别人晒稻去啦，就在西边很近的。”

等到早饭过后，我才发现这是一件牵扯几乎整个夏舍的晒稻事件，连小娟都去做这个生活了。

“小娟不凶哎，不能出去帮人尕做生活。”奶奶向来这样说小娟。那天不光小娟去了，夏舍男男女女太婆大爹去了一打，统共也就那么几个人的夏舍，晒谷场上颇为壮观，简直是夏舍标准的“人山人海”。

等我们吃完早饭，奶奶扛着摊耙尕来了，谷子晒开了，就晒在最近村西头刚修的那条水泥路上。

“这个生活轻省哩，铺开了等中上再去翻一翻，下晚去收就行了，不费个事。人尕老板承包了很多田呢，这些稻子都是种子，晒一晒要去育秧种下田哩。”

中上吃了午饭，姚仁义同志忽然大手一挥：“你在尕里带孙子吧，我去翻稻子。”说着戴上草帽扛起摊耙往西边走了，我追在他屁股后头：“仁义同志等一下我，我也去。”

最西边的这家人户，院子收拾得干净清爽，大妈是个艺术爱好者，窗台上摆着一台大收音机，经常放各种淮剧，正午这会儿也在放淮剧。路上姚仁义同志、二妈、小娟一人拿着把摊耙开始翻稻子，从北往南翻，伸长脖子一看南边也站着一溜人正齐刷刷地往北边翻。

正午虽然太阳大，但是苏北平原上的风也不小，凉快得很。挨着路就是小河，河边的芦苇荡和大叶子杨哗啦哗啦，淮剧一直放着。在这些声音的间隙里，听到的是大家拉呱闲谈，具体谈点什么似乎不重要，最重要的是每句话之前大家都要开怀畅快地加上一句：“让妈妈的！”

让来让去没一会儿生活就做好了，大家把摊耙一甩扛在肩上，晃晃悠悠地往尕头家，那架势颇有港片古惑仔之势。

“让妈妈的！哪个翻的？全糊到路下田里了，鸡子又吃不到。”

“让妈妈的！能有谁？姚大糊的！”

姚仁义同志早就一马当先扛着摊耙走远了，做生活，姚仁义同志的宗旨是能不做的坚决不做，一定要做的，闭着眼睛对付对付。“我这辈子最怕种田，寻不到钱，累死了。”

我们家也有一个放粮食的小屋子，里头放着去年收的稻子和麦。这阵子发现轧的米里有黑色的虫子，刚轧的米不可能生虫啊，肯定是稻子放久了，得晒。

大清早的爷爷奶奶就已经把粮食间的稻子搬到了院子里，用摊耙把稻子铺平整。小耳朵一整天都穿着洞洞鞋在稻子里走来走去，时不时哭丧着脸踮着脚喊：“妈妈！妈妈！”冲到我跟前让我把他鞋里的稻子倒出来，刚倒完又冲进去了。

下晚收稻小耳朵忙进忙出，拿着簸箕和爷爷一会儿舀一会儿倒的，时不时还要牵着口袋。姚工和奶奶一起担着一袋子稻回粮食间，扁担压在 70 岁的奶奶肩头没有任何反应，但是青年人姚工却被扁担压得背都弓起来了。“读书读多了，没干过活，不行嘞！”

·45·

庄稼熟了

隔壁地里的老头瘦得跟个麦秆似的，奶奶伸出手比画："83了，能动就干干吧。"

麦浪——

天堂的桌子

摆在田野上

一块麦地

收割季节

麦浪和月光

洗着快镰刀

——海子

五月快过到头了，夏舍的农忙也要来了。油菜、麦子都黄了，就等着收了。

我是个南方人，从来没见过长在地里的麦子，以往冬天来的时候只看见田里长着连片的绿色麦子——其实在我眼里和青草并无差别，这回终于见到了麦穗一点点抽出来，整个麦秆由绿变青最后金黄一片，风吹麦浪原来是这么回事。

苏北平原上也种着许多油菜，从年初去地里时不时掐一把油菜下锅，几场雨水一下，眼见着油菜秆子变粗壮。春天刚来时，夏舍嫩黄翠青，油菜花香味弥漫，蜜蜂四散，赏心悦目。也是几场雨水过后，似乎一夜之间所有的油菜花都谢了，剩下光秃秃的秆子。但是油菜夹子一天比一天饱满，五月底的油菜夹子都裂开了，里面黑色的油菜籽露了出来，大家整日拿着把镰刀忙着刮菜籽。

奶奶总是清早趁我们还在睡一个人去刮。

“你别一个人干，喊上我们一起去。”我很想帮帮忙。当然姚仁义同志是不去做这些的：“哎呀，现在收的是麻菜籽，没多个交易，恩不去刮。”就为这我和他拌嘴好几次。

“你们书生做这些做甚哩呀？就蹲在尕里看看书玩玩吧。”奶奶总是不愿意我们去干农活，当农民耕地种田是最不能让自家孩子继承的事。在她眼里这些事不体面不光鲜，当年姚工还曾想过回家种田，被骂个狗血淋头，众人都以为这小伙痴了。

我天天缠着奶奶盯着她，把她整得没辙。下晚天不热了，奶奶从家里找出把镰刀，一根颜色难辨的绳子，推出独轮车。“宝宝，恩去北边刮点菜籽。”说时迟那时快，我麻溜地就把小耳朵往独轮车上一放，推起就跑。“你这个戏阿里！”奶奶一边笑一边从家里又找出一把镰刀赶上了我。

一路上每个遇上我们的人，都大笑：“姚大妈，你媳妇不丑，大学生还推得动这个车子，可以当家了！”

奶奶不仅在自己地里种了油菜，还在夏舍各种犄角旮旯都种上了，那些公家暂时还没征去当绿化带的田地，夏舍的老人们都争分夺秒地给种上毛豆、山芋、洋豌豆、油菜……“让妈妈的，种甚哩草坪，恩们尕里块块是草。”

独轮车停在北边公路旁，奶奶踏进路旁的油菜地弯下腰抓住杆子割了起来，我也像模像样地操起镰刀，开始比画，小耳朵站在油菜地里这边望望那边瞅瞅。奶奶割得飞快，动作一气呵成，我却动不动就卡住镰刀，速度慢得丢人。“你慢点割，别把手指头弄伤了，恩说了叫你别来别来，非来，在尕里看看书玩玩不好嘛。”我才割了巴掌大的地方，一抬头奶奶早就把其他全放倒了。

割完这头，奶奶又跑去马路对面的北大围，路窄抱着小耳朵进不去，只能蹲在田埂上等着。菜籽不多，奶奶很快就全放倒了，只见奶奶把一块布往地上一铺，我还没搞清楚是在干吗，奶奶已经把割好的油菜全抱进布里，用力一捆，这一大包油菜块头吓人，路太窄又不能抬，“宝宝，你来帮恩上一下肩，恩把这些背出去。”刚割下来的油菜真重，我几乎是用了全身的力气才把布包帮奶奶背上，这之后我只能站在路口抱着儿子喘着粗气，看着年近古稀精瘦黝黑的奶奶，整个身子弓着，扛着这包油菜一点点挪出来。

放上车时油菜撒下来不少，我赶紧放下小耳朵一根根捡起来。“宝宝，不要了，这几根油菜值多大个交易啊，更个刮的全部加起来都值不到 5 块钱。”奶奶推着独轮车，开心地和牵着她衣角的小耳朵逗笑。

“明年就不种这些了，太累了。” 我把地上每一根油菜都捡了起来。

“农村里就这样吧，这里苦一点那里苦一点，就够生活了，只要还能动就自己做做吧。”

之后奶奶又去刮了几次，姚工都骑着三轮车或者帮忙去推独轮车，当然小耳朵回回都要去。隔壁地里的老头瘦得跟个麦秆似的，奶奶伸出手比画：“83 了，能动就干干吧。”

在这片土地勤勤恳恳劳作一辈子，只要还能动就不能让地荒着，就继续耕种。劳作耕种、善待土地，这是夏舍的老人在守着他们做农民的本分和体面。

刮来的菜籽晒得差不多了，爷爷奶奶拿出连枡在院子里不停翻打，小耳朵跑来跑去，不停地滑倒摔跟头，却还是乐此不疲。

收油菜的日子，眼看麦子渐渐都黄得跟金子似的，我天天盼着收麦。

“什么时候收麦呀？”我问姚仁义同志，爷爷奶奶种了几亩地麦子，家里的鸡平日里就是吃麦子，粮食房里还堆着去年收的麦。

“芒种差不多就要收了。麦收了，夏至就要种水稻嘞，秋分水稻养出来，霜降一到就要全被收掉，立冬后就没甚哩生活要做了。”姚仁义同志不愿意干农活，“我这辈子最怕的就是当农民，累死了，又苦不到几个钱。” 他又开始念叨了。

奶奶说以前一到收麦全村人都忙得很，东家帮西家，亲戚全部喊来帮忙，得赶着时间把麦收回来，要割麦子还要脱粒之后还要扬场。我在《圣经》上读到好多次扬场，但始终想象不出来究竟是什么场景。

“以前都是烂泥场子，一下雨就稀烂，扬场之前得用石磙子把场子压平才行哩。”爷爷的左手至今缺了两根手指，据说就是当年收麦脱粒时被绞掉了。“现在这个时代不同了，全都机械化了，收割机一收，快得很，现代的人享福呢。”可是我却满脑子想着牛犁地，人扬场。

麦还得等着，但育秧却得抓紧时候了。“以前都是自己育秧嘞，累死了，日日守着，经常育不活，急得要命，块块去借秧子。”等我站在田里，看到的已经是机子停在田头，人们流水线式地育秧苗，谷子混杂泥土浇上水，送进机子里传输带上走一轮，这一版子秧就可以育进田里了，就跟变戏法似的。

地是旧的，人也是旧的，日子却是新的了。

“要不我们干脆回家种田吧？”我问姚工。

“你这个戏阿里瞎说！种田种一百亩也养不活你们三口子，一亩田最多一年收一千斤麦，水稻多一点好的时候一千五六，收入也就一千多块，当农民苦不到钱。”姚仁义同志彻底反对。

我最终错过了今年的收麦，在收麦前几天飞回了成都，二哥倒是给我发了很多收麦时的视频，看得我归心似箭，似乎头一回读懂了海子的诗：“月亮下，一共有两个人，穷人和富人，纽约和耶路撒冷，还有我。我们三个人，一同梦到了城市外面的麦地，白杨树围住的，健康的麦地，健康的麦子，养我性命的麦子！”

再回来一粒麦子也没见着，水稻都长得几寸高了。

“今年恩尕麦子收了三千多斤，卖掉了两千多斤，还有一千多斤留在家里给鸡吃。油菜也收了快八百斤呢，今年收成好，卖了三百斤，剩下的留下榨油自己吃吃，送给城里亲戚吃吃吧。”姚仁义同志难得想起下田干一次话，蹲在水稻田里薅草，我也跟着下田。“这个是自家要吃的米，不能打药，恩卖了粮食得的钱全都给奶奶了，她这个人只知道苦钱，平时又从来不用钱。”

清早奶奶煮好了粥，清香黏稠，里面用上了华生二爹爹尕种的黑麦，这黑麦田就在家巷子口，我看着它一点点长高，一点点抽穗，一点点变黄变黑，好些日子我都站在那看风吹着它们摇来摆去，麦浪一波一波。

确实好吃，我一口气吃了三碗粥。

·46·

暂别夏舍

空了四个月的房子，桌子上还是走时吃的麦芽糖，阳台上挂着的是冬天的衣服，豆瓣日历还停在 1 月 11 号，时间好似静止了，四个月的乡居生活似乎是一场梦。

在还有十来天就要收麦的时候，我们得回城里去上班了。那会儿刚好东北疫情严重，盐城飞成都的航班每天只有一班，正好就是东北飞过来的。姚工走进走出忧心忡忡，生怕带上小耳朵出个闪失，给小耳朵备了好些儿童口罩，每次刚掏出来还没来得及给他戴上呢，就被他气急败坏地扯下来，姚工这个年轻憨直的父亲更忧郁了。

小耳朵出生后，用姚工的话就是完全改变了他。

小耳朵刚出生那会儿因为溶血症被送进过 NICU 病房，一向波澜不惊的姚工，当场洒泪。不能探望也打听不到消息，只有每天三次到窗口送母乳的机会。姚工那会儿一天三次回回都去，其实啥也见不到，大冷天的，我劝他每天就去一次，他不肯。“没事，我去医院走走，站在门口万一能听到他的哭声呢。听不到，离他近点也行。”

所以这次一想到万一小耳朵被感染，先别说严不严重，光是要去隔离就已经让姚工心有余悸了。

研究了很多回成都的路线，也想过干脆把小耳朵放在乡下，左不放心右也不踏实，以前没孩子，做什么决定一拍脑袋就行，为人父母后不晓得为什么，很多时候突然就变得谨小慎微。开会谈论线下复学时，姚工因为担心带小耳朵回成都，情绪激越和同事大吵一架，提出辞职。这都啥事呀！赶紧回成都！最终我硬着头皮拍板，走，一家人坐飞机！

其实到机场我就后悔了，其他人都戴口罩戴护目镜的，登机口乌泱泱全是人，我抱着小耳朵，眼睛一闭心一横才敢登上飞机，心里全是懊悔。

晚上回到成都，灯红酒绿，车水马龙，小耳朵就跟刘姥姥进大观园似的，目瞪口呆东张西望。“都晚上9点多了，大马路上还这么亮，大家咋还不睡觉？”我一时还没从夏舍时间转换过来。

空了四个月的房子，桌子上还是走时吃的麦芽糖，阳台上挂着的是冬天的衣服，豆瓣日历还停在1月11号，时间好似静止了，四个月的乡居生活似乎是一场梦。

直到第二天黄昏，小耳朵忽然坐在阳台上大哭起来，一边哭一边喊：“鸭子、大鸡。”

确实是一个爱岗敬业心系养鸡的小耳朵，号啕大哭半个多小时，嘴里只念叨大鸡和鸭，爷爷奶奶小娟二爷一概未提。此情此景，令我这个做妈的甚是伤感，不知道鸡鸭鹅在夏舍是不是也对着日落黄昏在思念小耳朵，情到深处想必也要号啕大哭。

回到城里的小耳朵，再也不像在夏舍时那么野性有力量，变得谨慎黏人。早就不白天吃奶的他，动不动就跑来拉着我：“妈妈，吃呀，吃呀。”在夏舍根本不怎么看绘本的小耳朵，在成都最爱翻出绘本在里面找鸡鸭鹅。“妈妈，大鸡！”“妈妈，鸭！”“妈妈，尕鹅！”

快魔怔了。

不行，不能再闷在屋里头了，赶紧带小耳朵下楼玩。一下楼赫然发现他是小区里最黑的娃。

“这个小弟弟好可爱哟，就是有点黑。”两个小女孩坐在小区水池边，其中一个看着小耳朵叹了口气。

另外一个女孩看了一眼我，气叹得更长了：“哎，没办法，小弟弟的黑是遗传的。”我……

后来每个见到我的人，都或含蓄或诚实地说我不一样了，最耿直的是：“壮实了！又黑又壮！”我……

四个月乡居生活怎么可能是一场梦嘛！我分明已经是童叟无欺的乡下大嫂子了。

在成都小耳朵不仅总是无聊到抓脑壳，还一个月不到发烧两次，后面一次，一家三口并排躺在床上，齐刷刷发烧，姚工裹着被子一直打寒战：“该不是得新冠了吧。”

那些日子我们三个在家闭门不出，好在只是感冒一场。

身体上的不适，心情上的失落和伤感让我们总是失眠，很多个晚上两个人睁着眼睛辗转反侧。小耳朵和姚工同时做噩梦，小耳朵梦里惨叫，姚工一个激灵，睡眼惺忪直直地看着我：“我刚也在做噩梦。”把他们安抚睡着后，我又开始做噩梦了，后来还梦见自己居然一夜白头。搞啥子哟！再这么下去要神经了，得赶紧回夏舍养鸡治愈一下。

·47·

重返夏舍

苏北平原上的夏舍冬天总有冰天雪地，春天就会草长莺飞，夏日自有映日荷花，这土地拙朴踏实，日日月月年年岁岁，总是这样。

小暑刚过，夏舍热气腾腾，阔别两个月我们终于又从成都回来了，小耳朵一下车便生龙活虎。姚仁义同志坐在房间的摇摇椅上:“哎哟，我的孙子呀，我的大孙子呀，你终于尕来了，爷爷想死你了。”又准备哭了。

麦子收了，油菜也全部刮了，旱地变水田，种的都是水稻，地里嫩绿一片，全是黄豆。走的时候屋旁的桑葚挂满了枝，现在桑葚了无踪迹，倒是紧挨着的梨树上满树黄梨。春天抓的小鸡，已经长得很大了，姚仁义同志已经为他的宝贝孙子列好了炖鸡日程表。走的时候还是嫩黄的家鹅，如今雄赳赳气昂昂，脖子伸得老长，浑身雪白。屋后小河的水涨了一截，鸭子仍旧在河里游泳，屋后的嫩竹笋长得比小耳朵还高了。

小耳朵东奔西跑，指着屋后的鸭子:“妈妈，鸭子游啊游。”转头又伸长脖子对着鹅:“尕鹅尕鹅！”当然最兴奋莫过于看见他的大鸡和大蛋，伸出两只小手一直拍掌，“大鸡，大鸡！”

夏舍的人还是老样子。

只是走时在地里割油菜收大蒜，现在扛着锄头在黄豆地里锄草，总归都是安安静静本本分分。

前头的小娟，早就等在屋头，眼睛都笑成了一条缝。“宝宝——你尕来啦！”小耳朵抿着嘴躲在我腿后笑，偷偷看着大家。奶奶忙忙碌碌地在杀鸡，隔壁二奶奶提着两只鸡过来：“宝宝，尕来啦！快叫二奶奶！”小耳朵仍旧抿着嘴害羞地笑。

直到小娟抬腿要回家忙事，小耳朵站着望着她的背影好一会儿，忽然大喊一声：“小娟！”

坐在巷子里纳凉的人全都乐不可支。

这之后小耳朵就彻底活泼了起来，跑去隔壁找二爷。二爷从屋子后探出头来，和以前一样手里拿着把铁锹，正在打整鸡圈，笑嘻嘻地看着小耳朵：“小耳朵，快来喂鸡。”

奶奶从粮食间搬出上了一层灰的扭扭车，拿到屋后河里洗得干干净净。小耳朵一屁股坐上车，双脚一放，手抓着方向盘，动作娴熟，奶奶在前头拉着，往村东头遛弯。

每个看见小耳朵的夏舍人都兴高采烈，在地里锄地的停下来：“宝宝，你尕来了，变白净了嘛！”在屋头忙活的，也赶紧跑出来：“宝宝，宝宝，你尕来啦，真是不丑，到恩尕来玩玩吧！”东边的婆婆干脆跟着我们一起遛弯，走到自家门口时，快步跑进屋里，揣着一小罐小熊饼干追了出来：“宝宝，快来吃好好。”刚洗完澡的文勇二爷，火急火燎地冲进屋里穿戴整齐，笑眯眯地在路中央拦着：“宝宝，尕来啦，到恩尕玩玩吧。”

打了一路招呼，回到桥头，二奶奶还坐在地头拔草。“宝宝，二奶奶等你一起尕去呢。”

奶奶指着桥上：“快看，宝宝，恩种的茄瓜和瓠子都长好大了，可以吃了。”

碗大的南瓜坠在地上，南瓜藤沿着桥边蔓延。对面的菜地里黄瓜也圆滚滚的，豆角已经很长了。小耳朵看见黄瓜，两眼发亮，拉着奶奶：“拿！拿！”摘了几根粗黄瓜，小耳朵抱着往家跑，下晚了，日头都要落下去了，该尕去吃饭了。黄瓜洗一洗削了皮，小耳朵迫不及待地往嘴里塞，确实是清脆香甜，自此小耳朵每天都要拽着奶奶去地里摘两根黄瓜抱着啃。

平原上的风从小耳朵的脸上一路拂到了远处水稻田边的池塘，那里已然是接天莲叶无穷碧。苏北平原上的夏舍冬天总有冰天雪地，春天就会草长莺飞，夏日自有映日荷花，这土地拙朴踏实，日日月月年年岁岁，总是这样。

怪不得姚工最沮丧时会想回家种田。

当然姚仁义同志也还是一口一个“让妈妈的”，还是鬼鬼祟祟躲在房间里抽烟，被抓包了还是死不承认，姚仁义同志嘛始终是姚仁义同志。

难得下午不下雨，天儿又凉快，我拖着坐在扭扭车上的小耳朵一路往东奔，小耳朵手里头抱着根短胖的黄瓜，一路啃。“这个戏阿里不晓得哪回事呐，就欢喜吃个黄瓜。”回来七天，天天都要吃上一根。风吹在脸上，小耳朵忽然笑眯眯地说：“妈妈，风，好舒服呀。”

一路往东走，路边田地里大家都弯着腰子，要么在锄草，要么在补秧糊化肥。

“宝宝，你切做甚哩呀？爸爸多晚尕来呀？”

“宝宝，奶奶跟你去成都啊？让她去成都带你吧，爸爸妈妈多苦点钱。”

“宝宝，下来下来，到田里来捉大鸣（大鱼）噢！”

小耳朵一边啃黄瓜，一边对着每个人笑眯眯，一路直走到了赵舍桥头。桥边树荫下，坐了一群子老头老太太，我都不认识，反倒是他们认得我们：“你是姚大尕的媳妇呀，你是姚大尕的孙子呀。”

河岸边停了一群大尕鹅，小耳朵从扭扭车上跨下来，爬上桥墩子，站着看：“妈妈，大尕鹅，好漂亮呀。”这句话也不知道他是哪里学来的，前些天看见一只鸟飞到跟前，他也说：“小鸟，好漂亮啊。”之后看见瓠子看见南瓜花花草草都要说上一句：“好漂亮呀。”但奇怪的是他从来不对人说这句话，他似乎只赞美大自然。

刚回成都时，小耳朵很不适应，小区里所有真实鲜活的事物都见不到，大鸡、尕鹅、鸭子、小河和大鸣四寻不到。刚下楼第一天他还指着小区里精心养护的小草一个劲地喊：“菜！菜！”他以为是奶奶的韭菜墩子。

看见小区里大家抱着猫或者牵着狗遛弯，小耳朵明显也非常困惑，在夏舍时，村子里野猫野狗也多得很，傍晚时要来家里偷食，奶奶从不心慈手软，抓住喂鸡的铲子就丢。小耳朵很快就学会了，以后只要猫来，他便率先冲上前去抓起铲子要丢，他哪里知道原来城里的猫猫狗狗不能丢。

在乡下待了几个月，小耳朵明显比其他小孩要野蛮许多。在公园里玩的时候，看见蚂蚁和虫子，别的小孩都吓得躲到妈妈腿后边，妈妈们都轻声细语地对娃儿们说：“宝贝，没关系，这些都是可爱的小昆虫，我们要好好保护它们。”画面是非常唯美的，孩子软糯妈妈温柔。

可到了小耳朵这儿，画风就变了。只见他一看见蚂蚁和虫子，立马兴奋地大叫，我还没来得及反应呢，他早就一个箭步冲上前去一脚把虫子踩趴下了，完全不给我任何施展温柔教育的空间，浓浓的夏舍乡土风。

带他在小区楼下遛弯，偶尔和其他孩子一起玩得高兴起来，小耳朵便忘乎所以地开始在地上打滚，别的小孩见了也想往地上一躺，耳边马上是："宝宝地上脏，不卫生，不能爬！"小孩便被牵走了，小耳朵愣在原地，一脸茫然。或者和小朋友忽然争抢起了什么东西，有时候他会把其他小孩弄哭了，也有时候其他小孩把他弄哭了，往往这个时候，身边总有大人冲过来："小朋友不要抢，要懂得分享。"一来二去，小耳朵开始变得十分谨慎，总是远远地看着人群。

这些文明的规则，让小耳朵无所适从，从夏舍带来的野蛮和力量无处释放，整个人像个瘪了气的皮球。

好在重回夏舍后的小耳朵慢慢地气又鼓了起来。

每天清早 6 点多他便一跃而起，飞速下床跑去院子外找奶奶，跟着奶奶去河槽边抓鱼，抬眼便是飞鸟，看见野猫土狗，他便兴致勃勃地跟着大叫。傍晚跟着奶奶去韭菜墩子摘黄瓜、查看瓠子和南瓜，这个摸摸那个闻闻，去地里拔草喂鸡，下雨天四处蹚水，遇见的每一个人又都大声地和他打招呼："宝宝，去恩尕吃好好噢！"

这个世界对他而言又重新真实了起来，他又开始浑身兮脏，却充满了粗蛮的生命力，整天兴致勃勃。

·48·

外出苦钱的姚大妈

我坐在夹巷里，看着远处八九个裹着头巾带着草帽的大妈，把系着绳的桶套在肩膀上放在胸前，在水稻田里走过来走过去地抛化肥，下午的日头很大，我坐着都一直在淌汗。

晚上8点不到，夏舍天黑了，外头静悄悄的，白亮的月亮稳稳妥妥地挂在天上，奶奶洗了澡进堂屋，把大门随手虚掩着，便放心大胆地去睡觉了。爷爷奶奶夜里睡觉从不认真关门，随手一带，也是为了挡一挡野猫和其他动物。

熄了灯黑夜悬在头顶，睁着眼睛一丝光亮都看不见。窗外有各式各样的飞虫，撞到玻璃上啪啪啪，我躺在黑夜里听着听着，慢慢有了点睡意准备合上眼。忽然黑暗里似乎有大飞虫不知从哪个缝隙里飞进了房间，打开灯一看原来是只蝙蝠。

在成都我每每睡觉都要认真检查大门是不是反锁了，窗户有没有关牢，因为当年有个雨夜屋里进了人被入室偷窃过，早上起来看着地板上满地陌生人的脚印，厨房扔了一地的钱包、背包、身份证。每每想起，我都还要起鸡皮疙瘩。夏舍虽然天比成都黑多了，但闯入者最多只是动物和昆虫，我原本总说自己怕黑，看来怕的其实是人。

我躺在床上，又熄了灯，蝙蝠也停在墙上没了动静，一夜相安无事，各睡各的。

凌晨4点，院子里有奶奶的脚步声，好像是在扫地，我索性也起来了，和奶奶说起蝙蝠的事。

“燕飞蝠啊，恩们这块说是老鼠变的。”

一旁的姚仁义同志大手一挥：“燕飞蝠不要怕，明晚再有你把恩叫醒，恩去打死它不费多大个事！”

一会儿奶奶扛着把锄头，穿着双绿色的解放鞋。“宝宝，你起这么早做甚哩呀？快去再睡睡，恩去地里除一下草，一个时候就尕来了。”

天刚微微亮，青白色，鸟在树上叽叽喳喳的。奶奶走了后，我坐在院子里看了会儿天，瞌睡就上来了，又回屋睡了个回笼觉。等我再醒已经快 8 点了，奶奶还没回来。

“奶奶呢？她不是说一会儿就回来吗？”我问正在择菜的爷爷。

“哎呀，她去给别人干活了，撒化肥去了。”

又骗人，姚大妈回回答应得好好的，不再去给人家干活，就在尕里陪小耳朵玩，结果回回一有生活，跑得比谁都快，关键每次被我撞见，她回回都要骗我。

“恩叫她不要去，她非要去，她就是这样的，天天要做生活，从年轻的时候就这样，罢了吧。”姚仁义同志坐在夹巷里吹风。

天越来越热，10 点多姚大妈和姚二妈终于一人背着个桶回来，吃了午饭又接着去撒化肥了。我坐在夹巷里，看着远处八九个裹着头巾带着草帽的大妈，把系着绳的桶套在肩膀上放在胸前，在水稻田里走过来走过去地抛化肥，下午的日头很大，我坐着都一直在淌汗。

姚仁义同志嘛，他开着空调坐到房间里看电视。“共产党打天下不容易啊，你看这个电视剧里死了多少好同志。”仁义同志真是夏舍的翘楚，老伴每天在烈日下汗流浃背地做生活，他居然心安理得坐在房里吹空调。当然他死不承认。“她喜欢做生活，恩不喜欢，太热了。恩又不要吹空调，是怕宝宝热嘛。”

下午 3 点多小耳朵在鸡圈里忙忙碌碌时，姚大妈姚二妈挽着桶下工了，骑着电动车的大爷正在给她们结算工钱，精瘦黝黑的两人喜滋滋地拽着一把票子。

“妈这下发财了吧。”

“你这个戏阿里总寻恩开心，半年才苦到这么多钱。二妈苦得多，上个月得有千把块。”姚大妈笑得镶银牙都出来了。

“再做十来天，就没生活做了，苦不到钱了。”二妈放下桶，又扛起了一把铁锹，“大妈呀，快尕去换东西，要去北边打缺子了。”

两个人又去苦钱了。

· 49 ·

清晨去
做一桩大买卖

在家就是好啊！在外头谁给你拍胸脯呢？

一回夏舍，第二天一早刚睡醒，隔壁二哥就跑来喊我去看自行车。

“你去看看嘛，高华让我给他收几十辆废旧自行车。”

姚大妈一听，扯着嗓子：“他要这么多脚踏车做甚哩呀？一辆辆绕着夏舍骑了玩玩吗？这个戏阿里真是瞎来！”我虽一时还没搞清楚状况，但大致也猜出了姚工肯定是想要自行车做工程课的活动，之前他也做过几次了，带着学生用自行车做穹顶做战车玩得不亦乐乎，这次估计是想在夏舍做一次。

不知道该怎么和姚大妈解释：“放心吧，高华用这个苦钱呢！”

“苦钱，到多晚呢，也没见他苦到什么钱，好好的工作不做，跑去成都瞎来。”又要开始翻姚工辞掉设计院工作的老皇历了，这都过去多少年了，还是爷爷奶奶心中的痛。

赶紧坐上二哥的电动车先跑为上。

我以为看个旧自行车嘛，多大个交易，我和二哥去去就回了。没承想，我们电动车刚出发，转头就看到伯华二爷骑着电动车飞驰而来，再一扭头，小叔叔也骑着电动车从镇上飞驰过来了。

“收废品的和伯华二爷认识，熟人好讲价。”二哥一脸凝重。

这才没多久呢，三辆电动车齐刷刷停下了，车上的四个人整整齐齐地站在了收废品老头的院门口。老头红光满面气势非凡，颇有周润发当年演赌王的风范。上身穿着白色背心，下身非常时尚，一件灰色西装裤配一根棕色皮带，关键是裤子拉链没有，肆无忌惮地敞着，露出一大截深蓝色短裤，众人波澜不惊，这样的装扮在夏舍不足为奇。

昨个我在院子里坐着，西边大爷神采奕奕地过来和我打招呼。大爷身穿灰扑扑绿色军装外套，扣子一颗都没扣，敞着，露出精瘦的肚皮。脖子上用土黄色粗线挂着一个硕大的铜钱，下搭颜色难辨的长裤，当然裤脚挽起，城里人爱露出一小截脚踝，夏舍人可不含糊，直接露出小腿肚子，足蹬粘着土的草绿色解放鞋，实在是妙！巴黎时装周也不是不能去走，只是没多大个交易，罢了吧。

还是回到买自行车这桩大买卖上。老头伸出右手："这边走各位。"我们四个人便又齐刷刷地跟着他走到了马路对面的院子里。院门一开，里头横七竖八全是破烂，老头从更里头的小屋子里开始往外扔自行车。

"没滚子的要啊？"老头中气十足。

"要！"我不假思索。

"生锈的要啊？"老头仍旧中气十足。

"要！"我仍旧不假思索。

一辆两辆三辆……九辆！我数点好数量，小叔叔一辆辆摆整齐，伯华二爷上前一握手："说个价钱吧。"

"恩不瞒你们，恩收来10块钱一辆，卖出去30块，你们就拿250块吧！"

伯华二爷再上前一握手：“230！”

老头大手一挥，行！干脆利索，丝毫不拖泥带水、婆婆妈妈。

“你们还要多少辆？跟恩讲，恩去东夏帮你们找，要多少有多少，又好又新。”小叔叔拍着胸脯要支持侄儿的教育大业。

在家就是好啊！在外头谁给你拍胸脯呢？

·50·

黄豆地里拔草

收了油菜，把地翻新，又点下了黄豆，这些黄豆八月半收了就可以榨油了。

才回来两天，小耳朵就把模式顺利切换成了夏舍养鸡场场主了，又开始全方位操持着养鸡大业。大下午的完全无视姚仁义同志在空调房里看电视的盛情邀约，跑到隔壁和二爷一起在大鸡圈里待着。二爷推着个鸡公车，拿着把铁锹还在平整鸡圈，大鸡和尕鹅在树荫下散步。小耳朵望着这群他看着长大的鸡，不禁喜上眉梢，拉着二爷开始追鸡，这个摸摸那个蹭蹭。

傍晚二爷提着篮子去屋后头的黄豆地里拔草喂鸡，小耳朵赶紧跟上。油菜收了后，地一下子开阔了很多。收了油菜，把地翻新，又点下了黄豆，这些黄豆八月半收了就可以榨油了。二奶奶打完缺子，这会儿背着药桶在黄豆地里打药，杂草太多，确实是草盛豆苗稀，小耳朵提着篮子不管不顾踩弯了好几棵豆苗。

“你这个小皮头，黄豆要卖嘞，一块五一斤呢。”二奶奶在隔壁地里吆喝。

二爷光着膀子蹲在地里拔完自家地里的草，又蹲在相连的地里。“小耳朵，这是你姚大奶奶的地，快来帮奶奶拔草。”小耳朵连忙提着裤子跑过去，蹲下拔起草来。

“麦收了多少？”我问二爷。

“收了5000多斤吧，恩尕种了6亩多田。”二爷指了指前边，“这块，还有西边都是。”

“全卖了？”

“没有哩，跌了价，一块零二一斤。”

一边拉呱闲谈一边拔草，下晚的风开始凉爽了起来，心里想着怪不得草盛豆苗稀，五柳先生也还是要种豆南山下，多安逸呀。篮子装满了，小耳朵跟着二爷卖力跑回家，草一抛，鸡从四面八方全涌了过来，小耳朵开心地抱着头边跑边叫：“大鸡，吃饭啦！大鸡，吃饭啦！”不费个时候，一篮子草就被鸡吃得精光，小耳朵又拉着我的手往地里走：“拔，拔。”

奶奶也挽着个篮子来拔草了，黄豆地里有不少小油菜，我打算鸡口夺食，掐几把回家炒着吃。姚仁义同志看我们在地里拔草拔得流连忘返，急得不行，6点了，酒瘾早上来了，还不回来吃饭，他能不急嘛。

“哎呀，那个油菜有甚哩吃头啊？老了没水分了！尕来切饭嘞！”姚仁义同志在对岸扯着嗓子喊。

姚仁义同志的话，我现在秉持的原则是，他说不好吃的肯定好吃，总之反其道而行之准没错。我又慢慢悠悠掐了几把，对岸仁义同志已经急得一个箭步就跑上小桥把小耳朵抱走了。“宝宝饿嘞！”

第二天清早，仁义同志就搬个小板凳坐在院子里择小油菜。

“我来吧，你又不吃。”

“罢了吧，有甚哩吃头，你中上吃了就晓得了。”仁义同志嗤之以鼻。

中午奶奶端出炒好的小油菜，嗐，好吃极了！

·51·

伯华二爷

伯华二爷算是夏舍数得上的才干，手巧又勤力，他家甚哩工具都有。

夏舍已经连着下了一天一夜的雨，朝北朝东朝南朝西的路上，除了风和雨，一个人影也没有，只有小娟举着把大伞，穿着套鞋从前头晃了过来。

“宝宝——过来蹚水噢。”

小耳朵笑眯眯地冲外招手：“小娟，来！”

小娟收了伞在堂屋里坐了一个时候，姚大妈冒着雨在地里锄地，伯华二爷上午刚送过来一些芝麻秧子，奶奶想趁着雨水栽下去。小耳朵要拽着小娟往桥东头走要去找奶奶：“小娟，来。”刚走到隔壁伯华二爷家门口：“宝宝来，二爹爹给你摘黄瓜。”小耳朵松了手就跑到了黄瓜藤架子下，伯华二爹爹摘了根胖乎乎的黄瓜，和小耳朵一起坐在灶门外的小板凳上仔细地削皮。

小娟笑得眼睛眯成一条缝，走进了伯华二爷家的灶旁边坐着，我也走进去坐在了火膛边，灶边还有伯华二妈和92岁的老太太。这样的下雨天除了坐在灶边拉呱闲谈，也找不到什么好消遣。灶边昏暗，四个人坐着有点局促。

“宝宝，黄瓜切了好呢。”伯华二妈倚着门坐着。她前些年中风，半边身子瘫了，二爷给她在家门口做了个滑轮，挂着一个蛇皮口袋，口袋里装着沙。二妈日日早上和上晚都站在那拉滑轮，这就是她的康复训练，有时候也和伯华二爷一起在黄豆地里，一只手拿着锄头慢慢锄草。

伯华二爷算是夏舍数得上的才干，手巧又勤力，他家甚哩工具都有。

年初刚来夏舍时，桥南边还是一块大荒地，我和小耳朵时常在上面转悠。年刚过没多久，伯华二爷就开始忙活了，开着挖机两三天工夫就把荒地挖空，抽上水，又买来铁丝网仔仔细细地绕上一圈，彻底变成了一个大鱼塘。

“二爷，你又做甚哩呢？”姚工每次经过都要问。

“玩玩吧，恩打算养点龙虾。”没过甚哩时候，伯华二爷就把龙虾苗子买来倒进鱼塘了，精心料理，日日守在鱼塘，抽水换水，喂食。

自那后我们去南大围买鱼时，小耳朵回回要爬上鱼塘看龙虾，可谓是看着这塘龙虾长大的。直到有一天天气暖和，好些龙虾都爬到了岸边，小耳朵开心地大叫。

龙虾养得生龙活虎的，有天下晚伯华二爷又提着一小袋青菜籽洒在了鱼塘岸上，没过多久，那一角长满了嫩绿的小青菜，他日日来浇水，自家吃的菜，不打药就靠细心照顾。我们从南大围尕来经过鱼塘，伯华二爷从裤兜里掏出个口袋：“来哟宝宝，弄把青菜尕去烧汤喝。”一个时候就掐了一袋子，小耳朵欢天喜地提着直跑。

“二爷，你这个龙虾甚哩时候取呀？”

“还早哩早哩。”

转眼都快收麦了，伯华二爷家的龙虾已经膘肥体壮，二爷又开始忙着为收麦做准备，把关在西边小屋子里的大拖拉机开了出来，停在门口，白天都去检修。“来哟，宝宝，跟二爹爹一起去开拖拉机。”得，小耳朵自从第一眼看到拖拉机整个人就疯了，之后每天都厮守在拖拉机旁，坐在驾驶座上手持方向盘，有模有样两眼放光，任凭谁都喊不下来。有时候自己下来了，也是跑进屋子里操起扳手绕着拖拉机，这边敲敲那里打打，嘴里还念念有词：“修！修！”

我和姚工不禁开始畅想以后儿子闲时养鸡、忙时开拖拉机收麦的人生蓝图。

白天忙完拖拉机，下晚伯华二爷又跑去桥头收拾出一块荒地，栽下了山芋秧子。其他人都拿着小量子一桶桶提水浇菜呢，他嘛，把电瓶车往桥边一停，管子接到车上，不知道怎么回事，就成了一个自动抽水泵。嘻，这不就是现在教育界很热的低科技嘛，对伯华二爷来说又不费个事。

这次回来发现伯华二爷家的龙虾还是没取。“今年市场不行嘞，卖不出去价钱，几块钱一斤。”伯华二爷似乎也并不为此而苦恼。

·52·

桥头乘凉

下晚的夏舍，成群的雀子在头顶盘旋，朝东朝南朝西朝北的路又人迹全无，水稻和黄豆在青白色的天空下继续悄无声息地生长，大叶子杨上的蝉叫，一声高过一声，没一会儿又下起了暴雨。

暴雨总算停下来了，都快下晚了，屋里闷得很，小娟、伯华二妈、东边的徐大奶奶和大爹爹、华山大爷、西边的老太太、北边的陆爹爹……都在桥头乘凉，拉呱闲谈。一看小耳朵过来，大家都开始逗他。

“宝宝，快来把酸奶给恩切一口。”徐大奶奶冲小耳朵招手，“这个小伙好玩哩，前个他在路上碰见恩家男将，伸出酸奶喊他把吸管弄出来，聪明哩。”

“宝宝，还上成都啊？不去了就在夏舍尕里吧。”大爹爹也冲小耳朵拍拍手。

“快来快来，宝宝让大爹爹惯惯。”华山大爷说着就凑上去要抱小耳朵。

东边二爹爹坐在桥栏上，他不太出门，身体不好，但是今天看上去精神不丑。

“让妈妈的，更个天真是怪得很，四处下雨，江西都淹了，山区下大雨，不行，路上全是泥，不像恩们这块平原，雨一下路上雪滑。”

北边的陆爹爹原本坐在桥栏上的，突然往下一跃，背着手脸色凝重地站在桥中央。“让妈妈的，新闻上说贵州一个公交车都冲到水里了，里面坐的全是高考的学生，死了不少人呢。”此话一出，桥上一片惊呼。

“要死了！莫得命莫得命，真是吓死人！”坐在桥墩子上的徐大奶奶一边惊呼一边整个身子都直了起来。

“啧啧啧，全是学生，肯定是关在车子里闷死了，哎，让妈妈的，莫得命。”伯华二妈眉毛蹙成一团，脸上全是惋惜。

“让妈妈的，肯定是风大雨大，司机看不清翻车掉水里了。”东边二爹爹胸有成竹。

这时不知道是谁说了一句：“怕是政府要赔钱哩。”

“望不见戏阿里，钱，有甚哩用啊？”奶奶抱着小耳朵接话，桥上众人全都跟着附和：“是啊，让妈妈的，戏阿里都死了，钱有甚哩用啊？”

我原想上前和大家掰扯掰扯这件事的真相，但面对这群平均年龄几近70岁的老人，我忽然心生不忍，他们的生活简单本分，日出而作日落而息，播种耕田，知道所谓真相于他们有何益处呢？

“你尕鸡子能吃呢？”二爹爹忽然话锋一转，问奶奶。

“能哩，都杀了十几个了。”

“让妈妈的，吃呢！外头10块钱一斤，这哪里划算呢。”二爹爹唾沫星子都快飞到桥对面了。

伯华二爷家的老太太不知道什么时候过来了，拄着拐杖，却光着腿。“叫你洗澡呢，光着腿子就出来了，真是痴得没用了。”伯华二爷走上前让老太太尕去，“去汤锅舀水洗澡，快去。”伯华二妈看着老太太，笑嘻嘻地和大家说：“老太太早上起来，穿得客气呢，白色的袜子穿得整齐呢。”

文勇二爷们提着个水杯也从南边走过来了，麻将场子散了，也不晓得是谁先站了起来，大喊一声：“氽氽咯，都 4 点了，要去烧饭切啰。”桥上众人陆陆续续地往东往西散开，氽去了。

“走宝宝，恩带你去抓大呜。”小耳朵兴奋地跟着奶奶跑去土地庙后头的小水沟边，暴雨河槽里的水溢了出来，小草鱼和小参条都被冲到了水沟里，一只只被水流冲了下去又卖力往回游。

“啊哈哈哈哈，大呜游啊游。”小耳朵蹲在水沟边，伸出小手指着水里的鱼。

奶奶回家取来了网子罩在水沟入河口，穿上裤鞋跳进水沟，把鱼往下游赶，一个时候网子里就全是鱼了。

“有二斤了，可以氽去烧来吃吃了，都是野鱼，你们城里头吃不到吧。”

下晚的夏舍，成群的雀子在头顶盘旋，朝东朝南朝西朝北的路又人迹全无，水稻和黄豆在青白色的天空下继续悄无声息地生长，大叶子杨上的蝉叫，一声高过一声，没一会儿又下起了暴雨。

·53·

一个人住的苏老太爷

老头子其实人蛮好的，他老婆养蚕果子，站在梯子上摘桑叶，摔下来就死了。

东边的苏老太爷夹着根烟站在马路中央，他家的小屋子就在旁边，起了很多年了，看起来确实破落，院子几乎没有，前头全做了韭菜墩子，紧挨着的屋子早就没人住了，屋子里头堆满杂物，大门都烂倒了，西边的墙也塌了。

“宝宝到恩尕玩玩吧？让老太爷惯惯。”苏老太爷一只眼睛不太好，每次看我们时就要眯上，牙齿也掉了不少，整张脸眼睛一眯，褶子就全凑到一起了，穿着土布的中山褂子，也不晓得究竟是衣服太大了，还是他太瘦了，总之看起来空荡荡的。

小耳朵笑眯眯地从扭扭车上下来，扑到我的怀里，却一直看着老太爷。

“还认识恩呢，宝宝，你在这里坐坐，恩尕去给你拿好好。”小耳朵还真就一屁股坐到了院墩子上，又冲我指指：“妈妈，坐坐。”没一个时候老太爷就揣着一兜巧克力、奶糖和每日坚果出来了。在夏舍大家觉得黄瓜有甚哩吃头呀，惯惯小耳朵都是跑回屋里拿出一堆糖果、果冻之类的零食，这些是老人们觉得金贵的东西。虽然小耳朵不能吃这些，但回回我都会笑眯眯地从老人手里接下来。

“宝宝，吃呐，恩尕头还有哩，都是恩姑娘给恩买的，恩又不欢喜吃这些。”老太爷也一屁股坐在了院墩子上，望望对面的水稻田又望望身旁的小耳朵，小耳朵早就迫不及待地撕开了每日坚果在吃里头的葡萄干。记得过年的时候刚来夏舍，那会儿我还不认识老太爷呢，推着小耳朵转悠时，老太爷就追着婴儿车硬是塞给我几包每日坚果。

“老太爷你一个人在家啊？”次次过来总是看见老太爷一个人在尕门头转悠。

“嗯呐，恩一个人住哩，恩姑娘一个在常州一个在苏州，她们在医院呢，天天睡到早上 8 点多才起来，恩蹲不惯。”苏老太爷怕我听不懂方言扯着嗓子说：“你懂啊？”

“懂呢懂呢。”

“你家奶奶要帮你去成都带宝宝啊？”

“不去呢，她也蹲不惯。”

“嗯呐嗯呐，城里头恩们蹲不惯。”

小耳朵吃着吃着把一颗坚果塞进我嘴里，我一吃，感觉有股霉味。拿起包装袋一看，嚯，这都过期一年多了，再看看我手里拽着的巧克力和糖，也都过期两三年了。不过，在夏舍这种事见怪不怪，奶奶还曾拿出来过过期八年的淀粉和过期十二年的创可贴呢！老人们大多不识字，就算识字过期的东西也舍不得撂，一个个的都不知道吃多少下肚了，他们的生命力强盛得很，一个个的不是八十就是九十。

东西也吃了，拉呱闲谈也差不多了，该尕去吃饭了。

我举着这些过期的糖回来，爷爷奶奶问又是谁给的。

“东边的老太爷呢，就是说他只有两个女儿的那个。”

“噢，那个是苏老太爷，他以前有儿子呢，被枪毙了。”爷爷坐在小凳子上蹙着眉，“他儿子有六根手指呢，恩们都喊他六个指头，当年跟着小叔叔去绍兴做生活，平时手脚也不干净。有天夜里他坐出租车抢劫驾驶员，从后面捅人家刀子，结果被反杀了，浑身是血爬了六里路呐，最后警察是在山里找到他的。”

奶奶一直边招呼我们吃晚饭，一边也说道了起来。

“六个指头打了很久光棍，才找了个瘫子呐，家里太穷长得又不齐整，枪毙后人家瘫子嫁给别人了，现在也生了个女儿。”奶奶指了指北边，说就嫁在附近。

“老头子其实人蛮好的，他老婆养蚕果子，站在梯子上摘桑叶，摔下来就死了。”爷爷摆了摆手，进屋去了。

·54·

村里的小贩子

男人 40 来岁的样子，穿着一件很不合身的西装外套，很旧，头发很长，胡子拉碴的，没怎么收拾。

“卖卫生纸、小麦粉、炒米，还有苍蝇拍子卖嘞——”

清早7点钟不到，屋外头就听到贩子的三轮车从东边开过来，喇叭莫几里大，小耳朵一跃而起跑出去盯着贩子的车看，直看到它开到西边尽头又折回来开出巷子，没影了他才挥挥手：“拜拜。”

听说以前夏舍有小商店，反正现在是没有了，一个也没有。在城里无聊的时候，大家喜欢出去买买买，在夏舍，无聊了就只能提上篮子去地里拔一篮子草尕来喂鸡。家里要买点什么，就等镇上逢集去买吧，有时候急着就骑上电瓶车去高个庄，那里有个小店子，旁的东西很多时候就只能等贩子在村子里走街串巷地叫卖了。

四月底一个高高大大的安徽男人开着辆三轮车，车斗里装的全是卫生纸，叫卖了大半天没多大个交易。天热，干脆停下车和奶奶小娟她们坐在巷子里拉呱闲谈。

“一天能苦个百八十块呀？”奶奶问男人。

男人40来岁的样子，穿着一件很不合身的西装外套，很旧，头发很长，胡子拉碴的，没怎么收拾。“碰运气吧，好的时候能撞见，今年疫情头几个月不让出来，在家里蹲得心里头急呀。”男人一直憨笑挠头。

“嗯呐嗯呐，这个疫情烦人呢。”小娟说着进屋拿了两根炒米棒子出来，一根给了小耳朵，一根递给了这个男人。

有的时候开车来的是卖菜的，夏舍人一般不用买蔬菜，不过像豆腐、豆芽、洋葱这些偶尔会有人买一买，尤其是天老下雨，也不好去镇上的时候。

有时候外头好大声叫的是：“收黄豆、菜籽、小麦和水稻噢——”

有时候地里田里收了点什么，也会骑个电动车到处叫着卖一卖，开春那会儿夏舍人都欢喜买点荸荠吃吃。那些日子就有一对母子骑着个电动车，脚下放一桶荸荠，儿子骑车，妈坐在后头扯着嗓子喊：“荸荠嘞，荸荠要买啊？”不过，卖荸荠生意冷清，大家更愿意骑上车直接去田边买。

有时候是自己在河里掌了点鱼，一个瘦高的男人大清早骑着电动车也在巷子里叫卖，小量子放在脚下，大家围上去看。

“更个这个白条大，草鱼也不丑。”

“刚掌的鱼，新鲜呢，买去烧汤吃吃吧。”

鱼总是卖得很快。

天热了，快下晚的时候，有个50多岁的大妈骑着自行车在巷子里喊：“馓子，卖馓子，自尕炸的馓子要啊？”身上的衣服一看就是刚从地里下来的。我站在二妈家的院子里和二妈拉呱闲谈，大妈骑得慢慢悠悠对二妈说：“买点馓子煮粥吃吃呢。”

“恩不要噢，恩尕宝宝在镇上上学还没尕来呢。”

“你们就是欢喜去镇上买，不买恩的。”大妈颇有怨言，骑着车往西边去了。

“这个人好玩哩，就是恩们这块东边的，空了做点馓子卖卖吧。”二奶奶也不恼。

后来好一阵子没见到这个大妈出来卖馓子了，直到立夏前一天，我跟着奶奶去北边地里摘了毛豆回来，路上又看见她骑着自行车，还是一身沾着土的衣服，这回叫卖的是金刚麒。

“金刚麒哟——卖金刚麒嘞——”

夏舍人立夏的时候都要吃金刚麒，一种表面是金黄色的馒头，我问奶奶要不要买一点。

“不要，她做的金刚麒味道赶不上镇上。”

夏天来了，我就天天盼着有贩子来叫卖冰棍。记得小时候，总是有人骑着自行车，车子后头用一个白色的泡沫箱子裹得严严实实的，里头装的全是冰棍和汽水，可以用钱买也可以用破铜烂铁旧凉鞋换，我回回都盼着他来，好买一根菠萝味的冰棒。

我在夏舍等啊等啊，连零钱都准备好了，却始终没听见“卖冰棒嘞——”的声音，倒是隔三岔五听见来收废品的在叫卖：“收旧电视、坏洗衣机、坏冰箱、旧手机——”小耳朵站在堂屋里也跟着大叫：“收——洗——衣——机！”

· 55 ·

南边的苏老太爷

自此我回回见到苏老太爷和太婆都要悄悄地多看两眼，但不知为何，老太婆的样子在我脑子里活灵活现的，苏老太爷，我回回都记不住他的长相。

最南边也有一个苏老太爷，就住在南大围下边，他家韭菜墩子里种的韭菜和蚕豆全都长势喜人。

这个苏老太爷也80多岁了，天好的时候就驾着小船和老奶奶在河里捣龙虾，老太爷站着撑船，老奶奶坐在船尾撒网。苏老太爷看起来沉默寡言的，但是他那个老太婆显然要活跃许多，东边跑跑西边跑跑，80多岁的人来，腿脚活络得很。

遇上下雨天，两个人就在屋里看电视，家里就两个老人外加一条脏兮兮的小土狗。

从四月份开始夏舍的龙虾就莫几里多，姚仁义同志天天问我们要不要吃龙虾，直到有天傍晚他一路骂骂咧咧地走回家。“让妈妈的，恩昨个跟苏老头订好了龙虾的，让妈妈的，他卖给别人了，恩要去卷（骂）他们一顿。”说着还把袖子撸起来了，看样子是要去进行一场七老八十搏击赛呀！结果他抱着手在院子里转了两圈，忽然凑到我跟前，压低嗓子：

“你不晓得吧，这个苏老太爷和老太婆以前是弟弟和嫂子！大哥撂掉了，这两人就过到一块了，过了都有十八二十年了。你别看这个老太婆个子小小的，厉害得很，苏老头子能有甚哩脑筋呀，老太婆叫他做甚哩他就做甚哩！”

我一边听一边配合着：“啧啧啧，这么不讲究瞎来？”姚仁义同志点头如捣蒜：“嗯呐，夏舍胡来的人多嘞，你以为个个像恩这样几十年除了你妈就没别的女人啊！”说完这些姚仁义同志放下袖子，颇为振奋，眯着眼翘着二郎腿坐在院子里。“戏阿里们都在城里，两个老人能相互有个照顾，罢了吧。”

自此我回回见到苏老太爷和太婆都要悄悄地多看两眼，但不知为何，老太婆的样子在我脑子里活灵活现的，苏老太爷，我回回都记不住他的长相。

过了些天文勇二爷来家里喝酒，带来了两个旧渔网。“老奶奶你去河槽里捣点龙虾给媳妇和孙子吃吃吧。”

姚仁义同志立马摆手拒绝，不行不行，人家老两口天天驾着小船四处放网在捣呢，我们不能再去，这样做不仁义。卷归卷，姚仁义同志的人生信条——做人要“仁义”，还是不能忘的。奶奶和文勇二爷都不服：“这个河槽和龙虾又不是他尕的，谁不能去捣啊。”

姚仁义同志就是不同意：“捣龙虾能有多大个交易啊？人家两个老人苦点钱也不易，想吃，恩去他们尕买。”

罢了吧，既然仁义同志这么坚持，奶奶也就作罢，后来又不甘心，拿着网子去家后头的河槽里试了几次，一只也没捣着。转头，姚仁义同志就提着一小量子龙虾回来了：“更个恩去得合适，苏老太爷刚捣的龙虾全卖给恩了。上次骗恩，他心里也有愧嘞。”

奶奶忽然在屋门口大喝一声：“这个龙虾昨个于爹爹就定了的！”怪不得刚刚带着小耳朵散步时，看见于爹爹骑着三轮车往苏老太爷家去呢。只见姚仁义同志拿着龙虾嬉皮笑脸："恩又不晓得！恩要是晓得，恩还会买呀？"边说边搬了个小凳坐着争分夺秒地把龙虾给剪了。

这回苏老太爷恐怕是又要被卷一顿了，做个生意总是让自己游走在七老八十搏击赛的边缘，没多大个交易啊。

这次回家，老太太和苏老太爷不捣龙虾了，倒是在南大围下边养了很多鸭子。我带着小耳朵上南大围晃悠，看见这个苏老太爷两条板凳一摆，门板子一搁，躺在大叶子杨下睡午觉。"这里凉阴呢！"我还是看不清他到底长个甚哩样！

"今年这个疫情好多饭店都倒了，龙虾没人要，卖不出个价钱。"爷爷和文勇二爷又喝上了。

"不只这个龙虾，北边卖鸭子和鸡的都不行。"

不过奶奶可不关心这些，苏老太爷终于不捣龙虾了，她落得开心，天天下晚带着小耳朵，拿着两个旧鱼笼子去河边捣龙虾。第二天清早又带上小耳朵去收网子，每次都不丑，能捣个半量子，龙虾个个膘肥体壮的。

"妈妈，看，龙——虾！"

·56·

守望相助

在夏舍，人的往来就是恩去你尕坐坐，你到恩尕玩玩，人们从不时刻揣着手机出门，更没有所谓的点赞之交，从不谈甚哩理念甚哩情怀，只谈地里的耕种田里的收成，家长里短，即使恩恩怨怨，也仍旧守望相助。

“你快去隔壁看看你小伙，拖都拖不回。”奶奶一边大笑一边来喊我。等我走到伯华二爷院子，发现小耳朵正从灶旁跑出来，还冲我招手：“妈妈，来，吃饭呀。”说完就一屁股坐到了伯华二爷家的小桌前，伸手就要抓菜，全然不把自己当个外人。二爷二妈还有老太太端着碗：“宝宝，你想吃甚哩呀？”小耳朵也丝毫不客气，从二爷手上抢下筷子，自己要去夹桌上的黄瓜。

“尕去了，宝宝，尕去吃饭了。”小家伙完全不听，还在院子里围着小桌子跑了起来。

小耳朵刚来前两天伯华二爷喊他吃饭，他都客客气气地摆手说“不要”，现在一到饭点就跑到人家桌子上不下来了。前几天我带着他一起去地里拔草喂鸡，走了一段发现身后人不见了，返回头一看，嚯！又端坐在伯华二爷家的小桌子前，讨着要吃肉。

最近更是越来越捉不到人，走到院子里一看，又没人，只要站在院子里大喊一声：“小耳朵！”没一会儿，准能听到周边有人答应：“宝宝在恩尕玩呢！”这家伙一会儿跑去前头小娟家要一块鹅肉吃，一会儿跑去西边二爷家饭桌上吃瓠子，没一会儿又去华生大爹爹家抱回个大米饼啃，再加上这个老太爷送来一瓶奶，那个老太太送来一盒饼干，简直吃百家饭。

奶奶有时候担忧："恩宝宝在乡下谁人给的都吃，谁人尕都去玩玩，回了城里怎么办呢？遇到人贩子被骗走了，那还得了！你们可要把宝宝看好。"

小耳朵刚出生那三个月，奶奶去成都帮我们，她很不习惯，不能串门，没有土地做生活，关键是还要时刻保持警惕，带着小耳朵出门她恨不得把他藏进兜里，生怕一旁冲出个人来把大孙子给拐跑了。"恩来之前听人尕说了的，在城里骗小孩的坏人多哩。"

在成都那三个月，奶奶简直快抑郁了，完全没有了能量，城里的一切都太陌生了，显得她格格不入，事事不懂，我心里也以为奶奶年纪大了，确实不太行了。在夏舍这几个月，我算是大开眼界，发现不太行的人原来是我，奶奶随时充满力量，在夏舍哪一件事哪一个人是她应付不来的？这是她的场子，她运筹帷幄。我也终于发现城里和夏舍确实天壤之别。

家里吃饭吃着吃着发现米饭少了，我还在想接着煮太慢，这也叫不到外卖，得，饿着吧。奶奶已经去灶旁拿起一个大碗："恩到小娟尕装点饭。"我像个没见过世面的，噢！原来还可以这样呀！有一回我随口说想吃豆角了，第二天一大早就看见文勇二爷笑眯眯地提着一大包过来了："刚摘的豆角，给你尝尝，好吃恩再去摘。"有时候正吃着饭呢，隔壁二妈端着碗炒鸡推门就进来了："大妈呀，恩尕更个炒了鸡子，给宝宝尝尝。"桌上便多了一个意外之菜。

刚来的时候我带小耳朵出去散步，走到半道上发现他的小帽子丢了，心想这也找不到了，算了。等我推着小耳朵走到家巷子口时，一个倚着电线杆的男人举着顶小帽子："是宝宝的帽子吧？恩在路上拾到的，他们都说是姚大尕孙子的，恩就送过来了。"

是呀，夏舍哪一个不认识姚大尕的孙子呢？

带小耳朵出门遛弯，他的婴儿车扭扭车随便哪一丢都行，谁还能不知道这是姚大孙子的？有时候路上人看见了，还顺手就给我们送回家了。

这些邻里邻居往上数个一两代都沾亲带故的，东家的女儿嫁给了西家的儿子，北边的老太太和南边的老太太是表姊妹。其实恩恩怨怨也很多，奶奶和二奶奶当年起房子时因为宅基地，吵得天翻地覆，你卷我我卷你。三爷去世时因为葬礼的安排，姚仁义同志和最西边那家人也是相互卷得相当激烈。

但乡村解决问题的方式和城市不同，全都摆到明面上，我今天对你不满，我今天就上你家卷你一顿，打上一架也无妨。卷完了打完了，心里头痛快了，事情就过去了。奶奶和二奶奶现在成天一起出去做生活，姚仁义同志照样天天带着小耳朵西边看狗。

在夏舍，人的往来就是恩去你尕坐坐，你到恩尕玩玩，人们从不时刻揣着手机出门，更没有所谓的点赞之交，从不谈甚哩理念甚哩情怀，只谈地里的耕种田里的收成，家长里短，即使恩恩怨怨，也仍旧守望相助。

·57·

乡村凶猛

一个典型的乡下妇人，大概是像我婆婆这样的，可以一个人种着很多亩田地，养上百只鸡鸭鹅，还能出去给他人做生活，身形瘦削，脸上的线条像刀刻了一样，遇上了什么不顺心的事，可以大声骂上一句：“让妈妈的！”

小娟是小耳朵在夏舍结交的好朋友。

去成都四十天后，第一天回夏舍小耳朵见谁都躲着，唯独在小娟回家时，大吼一声：“小娟！”大家才终于领略了小耳朵和小娟的友谊之深，现在夏舍人见到小耳朵都要问：“宝宝，小娟去哪块了？”小耳朵总是能准确地抬手一指：“小娟！来！”

小娟几乎每天都要来我们家，从小耳朵第一天来夏舍，她就热情洋溢地跟他玩，那时候小耳朵还不会说话呢，回回见到小娟都要伸出手，冲着远处的小娟“啊啊啊啊……”小娟便笑得眼睛眯起来，一脸憨厚，双手交叉抱着慢悠悠往院子里走，坐到小耳朵的旁边：“宝宝——你吃呢？”

现在小耳朵时不时一溜烟就跑去了小娟家，和小娟聊天，和小娟一起择韭菜，和小娟一起扫地，和小娟一起摘苹果……

在全都是老人的夏舍，小娟可算得上很年轻的青年人了，夏舍每个人见到她，都是直呼其名：“小娟！”她总是笑眯眯地应着：“嗯呐嗯呐。”

“小娟，你几几年生的？”有一回她在院子里坐着看奶奶刺鱼，我问她。

小娟又笑得眼睛都眯成一条缝："谁人记得这个？恩不晓得。"

"你这个戏阿里好玩呢，谁人记得住这个？恩也不晓得自己是哪一年生的。"奶奶一边笑一边接话。

我坐在一旁目瞪口呆，啥？这世界上竟然还有人不晓得自己的出生年月？

"那你多大年纪了，小娟？"

"恩今年都52了。"

啊？小娟居然和我妈是同龄人，但她明明看起来就像个天真的少女。

小娟算不上好看，皮肤黝黑素面朝天，有点胖，和夏舍所有女人一样，一头利索的短发，衣服也穿得很随意，一件不知道什么年代的粉红花衣裳，干活时穿一双套鞋或者解放鞋，不干活时整天趿着双粉红色的塑料凉拖鞋，可是这些都不妨碍她少女的感觉，你只要看一下她的眼睛就知道，这双眼睛里除了天真，没有别的东西。

小娟平日里一个人住，家里收拾得干干净净的，男将在绍兴做生活，收麦的时候才尕来，儿子在上海上学。她生在夏舍长在夏舍嫁在夏舍，东夏镇上对她而言就是很远的地方。

她成天笑眯眯地一个人走来走去，似乎也没什么生活要做，背着手一会儿走到东边桥头坐一坐，一会儿去伯华二爷家和他媳妇拉呱闲谈一番。

来的最多的是我们家，推开门，往房里铺上或者堂屋的摇椅上一坐，看着我们吃饭，也没有太多的话要说，只是在别人说话时，附和上"嗯呐嗯呐"，坐上一会儿她就站起来推门出去往西边转转。

转悠转悠，上午九十点，小娟就坐到屋门口开始择菜准备做午饭了，十一点不到，她就端着个碗站在我家院子里，一个人吃起了午饭。

下午还是背着手这里走走那里坐坐，下雨天就举着把大伞四处走走，一直走到下晚一个人吃了晚饭，踱进我们院子。“宝宝，快看大猫。宝宝，大鸡来了。”她笑得比小耳朵还开心，等到天全黑下来，小娟就背着手一个人氽去上铺睡觉了。

一天又一天，冬天春天夏天，没见她情绪不好也没见她厌倦，似乎可以永远这样生活下去。

“小娟怎么从来不出去给人做生活呢？”我见夏舍但凡身体硬朗都要出去给人做生活苦点钱，可是小娟却从不去。

“小娟不凶啊，只能做做家里的生活。”奶奶指着小娟家斜对面废弃的屋子，“这个就是小娟妈妈家，她妈妈就是看她不凶，不能干也不会算，就把她嫁到门口吧，到外面怕受人欺负。”

小娟一个人种油菜刮油菜，家门口那么一大块黄豆地一个人慢慢锄草，还养着鸡养着鸭，但这些在乡下是远远不够的。一个典型的乡下妇人，大概是像我婆婆这样的，可以一个人种着很多亩田地，养上百只鸡鸭鹅，还能出去给他人做生活，身形瘦削，脸上的线条像刀刻了一样，遇上了什么不顺心的事，可以大声骂上一句：“让妈妈的！”

这样说来小娟确实是太不凶了。

小娟家里也种着田呢，但是大部分都是华生大爷帮着料理，华生大爷和小娟的男将是亲兄弟，两家的房子也紧挨在一起。

一来夏舍听到最多的就是华生大爷的各种风流韵事，那会儿打了大半辈子光棍的他刚娶了一个媳妇，叫老唐。

老唐个子高高大大的，嗓门尤为大，欢喜打牌，但又因为太容易大喊大叫，大家都不愿意和她凑一桌，打不上牌的时候她就和小娟一道，背着个手在夏舍游来荡去。

上半年因为疫情老唐没法去城里上班，她在城里一家饭店洗碗，华生大爷和老唐天天在一起。疫情一解除，老唐就迫不及待进城了，很少尕来，华生大爷又一个人生活了。

我有点不能理解："老不在一起，那华生大爷娶个老唐做甚哩？"

奶奶似乎听不懂我这个问题，夫妻俩在一起，在夏舍好像并不重要。"一起搭伙过日子吧，老唐也要出去找生活呢，华生能把几个钱给她呀？"我还是没能明白，夏舍其实有许多我弄不明白的事。

"华生年轻的时候浑呢，家里又穷得很，后来还把西边徐老太爷的女儿肚子都搞大了，大小姑娘 20 岁呢，人家妈妈死也没让把孩子生下来。"奶奶禁不住我问，"年轻的时候还和苏老太爷的姑娘谈恋爱，人家都已经定了老亲了，要嫁给姨妈的儿子，华生大爷把人家姑娘骗到锅旁口睡一觉，还把定亲送来的布都偷走了。"

乡村的情爱竟然如此野蛮凶猛。

"他年轻的时候还出去改造过两年，偷大队的麦子被抓了。那时候穷啊，天天饿肚子。"奶奶似乎心有余悸。

三十年河东，三十年河西，华生大爷现在在夏舍混得风生水起的，家里有个大件三轮摩托，承包了不少田地，奶奶和二奶奶经常给他做生活，村子里谁人要买个甚哩化肥，都是找他。

"华生妈妈可怜，以前是他老子从外面拐回来的，来的时候小呢，好像是上海那边人。至死也没能逃出去，经常被打，打得凶呢。"

我倒吸一口气，仿若进入了一个更加野蛮更加凶猛的世界。这个可怜的上海女孩，我甚至能看见她那双哀怨的眼睛，我气冲冲地问奶奶："你们怎么也不救救她？"

奶奶被我这突如其来的愤怒吓了一跳。"宝宝，恩们那个时候也还小呢，恩还没嫁过来呢，等恩过来了，她很快就死了。”我叹了口气，赶紧问奶奶：“那小娟的男将会打小娟吗？”

“不会不会，小娟男将对小娟好呢。一尕来就带她上街买个这个买个那个，从来不打她。”奶奶急急忙忙赶紧把这些告诉我。

接着奶奶忽然话锋一转，聊起了国平大爷，他就住在伯华二爷家东边，华生大爷家的后面。小耳朵总喜欢走他家门口的石板，还喜欢抓住国平大爷挂在裤子上的钥匙，看见他在田里补秧撒化肥，总是要大喊一声：“大爹爹，干活呀！”

国平大爷也是一个人生活，打了一辈子光棍。“他长得很好看啊，为什么讨不到老婆？家里太穷了？”

“他爷爷和爸爸都是干部，尕里以前生活好呢，他爸不学好，天天在外面瞎玩，儿子传老子的代，国平年轻的时候也在外面瞎玩，这个挑那个拣的，后来就打光棍了吧，男人长得太好看也不行呢。”没看出来奶奶原来还有当情感博主的潜质。

国平大爷也一个人走进走出，把院子收拾得干干净净，头发梳得一丝不苟，是夏舍少有的穿着整齐讲究的人。

“国平兄弟四个呢，国平是老大，老二以前有老婆，从贵州拐来的，生下了个女儿就走了，后来他就一个人在外地打工吧。他那个贵州的老婆好呢，就是家太穷，房子都没有，女人连住的地方都没有。老三也没娶上老婆也是个老光棍，老四后来上别人家当上门女婿了。他们还有个姐姐，就在东夏镇东边，前几年她男将喝酒喝死了。”奶奶几句话就把这一家人描述完了。

我坐在一旁却好像穿过了几个世纪，日光之下，确实一切都是虚空，一切都是捕风。

·58·

家是百宝箱

锄地种蔬果对夏舍的老人而言不是生活的雅兴，而是生活本身，他们会担心养老会觉得孤独，也会害怕房子的拆迁。

年初小耳朵刚来夏舍时，他才刚过周岁，走路都还不会，那会儿苏北平原还冷着呢，只是日头一出似乎春天就来了。有天午后，有贩子骑着三轮车在门口卖果树，我和姚工便买下了三棵，一棵桃树、一棵梨树还有一棵柿子树，就种在院子旁。

小耳朵每天跟着爸爸去浇水，种在那很久都灰不溜秋的，我想肯定活不了了吧。但他们父子俩还是锲而不舍地浇水，浇着浇着小耳朵就会走路了，能自己提着个小量子跑到树旁。等到村子里其他桃树和梨树开花时，没想到院子旁的两棵小树也开出了小小的花。

这次回家小树又长高了不少，长出了很多绿叶，希望以后我也可以写："庭有桃梨树，吾儿周岁时吾手植也，今已亭亭如盖矣。"希望这果树能和小耳朵一起长大，就像姚工从小就有桑树陪伴，几十年后自己的孩子又能接着吃树上的果子。

除了收果子，奶奶还忙着韭菜墩子里的收成，五月底的时候，小耳朵成天跟着奶奶提着篮子去地里挖大蒜头。大蒜头挖回来串成串挂起来晒干，以后炒菜时就想剥一个就剥一个，那些天走到哪夏舍都是晒着的大蒜头。

这次回来韭菜墩子里的东西就更多了，两个月前奶奶种下去的西红柿、豆角、茄子、瓠子、冬瓜、南瓜、山芋、空心菜、辣椒……遍地都是。“尕里蔬菜不用买了，吃不济呀，过几天老了就扔掉了。”确实吃不济，光是黄瓜就多得很，就种了那么一点点地方，生着当零食吃煮着喝汤吃，吃来吃去，还是赶不上黄瓜老的速度，一翻开藤条，嚯！一排黄色的老黄瓜。

还有种在桥头的瓠子和南瓜，小耳朵每天都要去摸一摸才放心，雀子多得很，一转头瓠子没来得及收就被雀子吃了，有时候拼了命吃也赶不上瓠子老的速度。顾上了黄瓜和瓠子，那边山芋叶子又老了，空心菜也快不能下锅了，爷爷还天天念叨：“姨爹爹，打电话喊我去他家摘点丝瓜子给宝宝吃吃呢。”今年奶奶没种多少丝瓜，但其实院子里也挂着好几条没来得及吃呢。

“恩们基本上不用买菜，鸡子鸭子鹅尕里多嘞，还有鸡蛋，你奶奶又欢喜去弄个鱼，掌个龙虾和黄鳝，肉现在贵呢，30 元一斤，恩们也不爱吃。”爷爷总是说他们一年到头花不了几个钱，粮食都是自己种的，油也是自己榨的，菜也不用买，房子也是自己的。“哪像你们在城里头，住房子要花钱，想吃几根葱要花钱，样样都要花钱。”

家里的房子还是 1991 年起的，扎扎实实的瓦房，青砖黛瓦，屋顶八根结实的大横梁。“恩这房子起得扎实呢，就是为了高华娶媳妇用的，谁知道现在又兴个甚哩楼房。楼房有甚哩好呀？巴掌大的地方，院子也没有，连个种菜的地方都寻不到。”奶奶去成都住了三个月，对天天关起个门来的公寓很不喜欢。

最近小耳朵姑姑家的房子正在拆迁。“让妈妈的，那么好的一个家，大院子，住了那么久，说拆就拆了。以后就住到小格子里，转身都转不过来。说是想再买有院子的房子，都叫甚哩别墅，贵得要命，老百姓哪里买得起。”爷爷奶奶最担忧的事情就是他们在夏舍的房子被拆。“祖祖辈辈都在这里，恩就想住在这里，多少钱恩都不想拆。”

以前看过日本的一部纪录片叫《人生果实》，一对 90 岁的老夫妻住在自己亲手建的房子里，男主人设计房子，女主人打理庭院，种满了瓜果蔬菜。两个老人日日在院子里锄地拔草、捡落叶、挖土豆、摘樱桃梅子、采核桃柿子、做木工……看得我心生艳羡。姚工是个土木工程系毕业的结构工程师，很爱建筑，总希望能找到一块安全的土地自己亲手修建房子，我也常畅想能住在自己修的房子里，孩子在这里长大，孩子的孩子也在这里长大。

等我来到夏舍发现，这里的老人和纪录片里的老人生活的日常似乎并无二致，只是夏舍的老人们更多时候并无纪录片里老人的闲情逸致，锄地种蔬果对夏舍的老人而言不是生活的雅兴，而是生活本身，他们会担心养老会觉得孤独，也会害怕房子的拆迁。

·59·

平原上的游荡

乡村似乎就是这样，所有人都知晓彼此的悲喜离合起起伏伏。

这次回来，已经没有人问我是谁尕的了，见面都是“大嫂子，你又尕来啦！快到恩尕坐坐”，亲着呢。

我还是每日带着姚大哥出去散步，姚大哥坐在扭扭车上，经过大桥，经过奶奶的黄豆地，经过他姚三爷尕的姑娘家，不过这个姑姑平日里全家都在无锡。过年时小耳朵在她家放了烟火热闹了几日后，现在院子里的野草都长得老高了。

再往前经过文勇老爹爹家，小耳朵从扭扭车上快速下来，跑进院子，一会儿拉着文勇老爹爹摘黄瓜，一会儿拉着摘西红柿，忙活完和老爹爹一起一屁股坐在了院墩子上，喝着老爹爹给的酸奶，逗着路上的野猫，这才算是心满意足。

酒足饭饱拜别老爹爹，接着朝东去，这下是徐二爹爹家，他家养了一只小黑狗，这会儿站在院子里和小耳朵遥相呼应：“汪汪汪汪。”徐二爹爹家的院墙上之前挂着一长串茂盛的金银藤花，香味真好闻，现在挂着一长串豆角，也很好看。

徐二爹爹穿着个蓝色短裤衩就跑出来了："宝宝来，来吃好好。"徐二奶奶和她的姑娘也站在了院子门口："宝宝啊，来恩家坐坐撒。"

再朝东就是徐大爹爹家了，他家院子旁做了一个巴巴适适的矮鸡窝，小耳朵回回要下车趴在鸡窝门前朝里看，从小鸡仔看到现在的大鸡。徐大奶奶嗓门还是那么大："宝宝，快来快来！到恩尕来吃好好！"小耳朵抿着嘴摆摆手又坐上扭扭车，在文勇大爹爹家已经吃饱了的嘛！

隔壁的徐老太爷早就等在路边了，手里又揣着一包每日坚果，虽然过期了，收还是得收下。

这里刚收下，东边的于大姑奶奶背着手也等着打招呼呢："宝宝，你要和妈妈上哪块去玩呐？"小耳朵手一伸指了指东边，于大姑奶奶背着手索性也跟着往东去，经过一片杨树林子和荷塘，这下可就是村主任家了。他家的房子可是夏舍的豪宅，院子很大，墙都雪白，里头还贴着瓷砖。

这个村主任也是很紧跟时代潮流的，城里头不都流行什么斜杠青年吗？人家可是地地道道的斜杠老年，不仅当村主任，还养了一片鸡鸭鹅，除此之外夏舍谁人种的田和地估计都没他家多，那收的菜籽和麦子真是吓人。

这些当然不是他最厉害的技能，在这个个体屠夫都快消亡的年月，村主任不仅亲自养着大肥猪，还亲自杀猪卖肉，是个一等一的好屠夫。有一回在一个伸手不见五指的黑夜，我和姚工正在路上散步，突然夜空中传来一声极其凄厉的惨叫，把我给吓得一哆嗦，只见姚工淡然地指着东方："别怕，杀猪声，村主任家在杀猪。"

小耳朵回回经过他家，必要探头去张望关在猪圈里的大肥猪，这可是一头白里透红肥头大耳的活猪啊朋友们！这年月你还能上哪见到活猪？我们家经常上村主任家买点猪肉吃吃。“当年他不是在恩手下人的党啊？是恩的小弟。”姚仁义同志自称大哥，特别摆谱。

村主任家再往前走就不是我们夏舍的地界了，那是赵舍。赵舍第一栋房子，一个两层的楼房，多少年没人住了，杂草丛生门户紧闭。“这尕是恩大表哥尕。”奶奶说，“早就上城里了，都多少年了。”

有时候在这里我们会朝南边走，南边人就少了，虽然屋子不少，但大部分门户紧闭，直走到底有户人家。一看奶奶抱着小耳朵老远就打招呼：“快来坐坐，吃根黄瓜！”奶奶小声和我嘀咕，指着这户人家一旁的南大围：“以前他们在外面玩大船，赚了钱就尕来吧，把这块地方围成塘子养鱼，亏死了，亏了怕有 20 万，没办法呀，夫妻俩又出去玩大船，玩了些年把债还了，还余 20 万就尕来了吧，尕来服侍老人吧。”

乡村似乎就是这样，所有人都知晓彼此的悲喜离合起起伏伏。

在那家坐了会儿后，我们又掉转头继续朝东奔了，经过赵舍的桥头，经过一个种着许多花的院子，花独自开，院子里的人从来没回来过。然后朝南一掉头，直奔，经过麦地经过窑厂就到大铁桥了。

大铁桥架在大沿河上，大铁桥名字有气势，其实每次只够过辆小三轮车，人踩在上面一直响。下面的沿河里来来往往的都是装货的大船，潮汐和水草跟着大船朝东又朝西。

小耳朵站在桥上看着落日，抿着嘴笑，也不说话。

· 60 ·

续命的脑白金

你看看这个该死的一直不死，不该死的早早地就走了。

大清早的舅奶奶忽然来我们家院子里坐着，舅爹爹后面也骑着个三轮车慢慢悠悠地过来了。

“送饭了？”奶奶一边追着小耳朵让喊舅奶奶，一边问。

“送了，送完更个这次，就入土了。”想起来了，这两天奶奶说舅奶奶的嫂子去世了，昨个奶奶还抱着小耳朵去人家家看热闹呢。

夏舍这边人去世了，葬礼要持续好几天，每天天没亮大家就去坟墓那给死者送饭。“都是女儿准备饭打头走，儿子儿媳要披麻戴孝，孙子拎灯笼，还要一路念经抛纸钱。”怪不得姚仁义同志经常看着小耳朵，忽然自言自语：“恩孙子现在拎灯笼肯定直奔。”

奶奶忽然转头问我：“你们那边要送饭啊？”我摇摇头，没这个习俗。奶奶忽然又问舅奶奶：“请人哭啦？”舅奶奶点点头，请了。奶奶又转向我问：“你妈妈去世时，你哭得出来啊？”我一时竟不知道该怎么回，只觉得震惊，有种被冒犯感，怎么能问出这样的问题？

“小娟就哭不出来，她妈妈去世的时候她一声也没哭。”奶奶并不觉得这个问题有任何不妥当。

这事之后没几天，中上我正在锅旁炒菜，奶奶坐在灶膛口烧火，二奶奶端着碗饭走了进来，一屁股坐在了灶膛口，两个人一直在嘀嘀咕咕。我也没认真去听，只听到好像是两个人又准备去给人家做生活苦钱。

“你俩又要去做什么苦钱呐？”我随口一问，没想到二奶奶显得有点不好意思：“恩们要去东边唐三舅爹爹尕做生活呢，不过还不晓得甚哩时候去呢。”

我忽然想起来这些天唐三舅爹爹家进进出出的很多人，好像是老太太快不行了。“老太太走了？”我问，想着没想到还能亲眼见一见夏舍的葬礼。“没有呢，老太太 90 多了，太老了，这几天快不行了，尕里人把她搬到地上来了。老太太撂掉了要做事的话，恩们就是去帮他们洗菜做饭吧。”

我一听搬到地上吓了一跳：“她不是还没走呢吗？怎么就放地上了？”

“恩们这块就是这样的，人快不行了就把她睡地上，叫作下地。”

“太残忍了，让人躺在地上慢慢等死……”这个也太生猛了，“你们真是的，人家还没走呢，咋就合计在人家葬礼上做生活。”

奶奶和二奶奶听我大呼小叫的，坐在灶膛旁一直笑：“这个戏阿里好玩呢。”

接下来几乎所有人都在等着这场葬礼，唐三舅爹爹家的六个戏阿里个个都从城里回来了。一天又一天，老太太死活吊着一口气，直到有一天，奶奶忽然和我说：“老太太今天吃了两个肉包子。”我想，嘿，奶奶这钱看来是赚不到了。

就这会儿听到老远姚仁义同志咋咋呼呼的：“莫得命莫得命，沿河南边烧饭的死掉了！”他这一嚷嚷，二奶奶、小娟全围过来了：“莫得命，他怎么突然死了？那么年轻。”二奶奶显得很震惊。

“是啊，才57岁，我前阵子还和他喝了酒！吴莹你还记得他吗？”我想我咋还认识沿河南边的人了。

“就是你和高华结婚的时候，来恩们尕给恩们烧饭的那个大厨，胖胖的。”真一点印象都没有。

在我那场半推半就的乡村婚礼上，我只记得姚仁义同志在开饭前，带着姚工，两个人往门口一站，给屋子里的众人脱帽鞠躬，接下来就是炮仗声和门口滴滴嘟嘟的唢呐声，我为此尴尬得头都抬不起来。

“查出癌症了，去上海看了人已经没用了，才16天就走了。”众人一听都在叹息，“哎，没甚哩意思啊，得了癌症就是个死，恩以后要是得了癌症不去看，不要浪费戏阿里的钱。”姚仁义同志大声宣布。

也不晓得是哪个忽然又说了一句：“你看看这个该死的一直不死，不该死的早早地就走了。”你看，乡下人就是这样没遮没拦，心里想什么就说什么，耿头耿脑的。

后来直到我走，老太太还是好好地躺在地上，六个戏阿里都尕去了，我也回成都了。

这次回来，我赶紧问奶奶：“老太太怎么样了？”

奶奶笑眯眯地说：“哎呀，老太太命硬得很，尕里人又把她抬回高铺了。”

“又能吃东西了？”

“这个老太太都瘦成杆子了，天天甚哩也吃不了，尕里人给她吃个补品，叫甚哩脑白金。”

哈？脑白金？

整个夏舍怕是都听到我的笑声了：“妈，放心！等你老了，我也给你喝脑白金，续命！”

·61·

人生果实

油桃、水蜜桃、黄桃、黄梨，小耳朵的华生大爹爹家门口还种着一棵苹果树。

五月中旬开始，夏舍就全是桑树果子了。

院子旁有一棵野桑树，好多年了，姚工说小时候桑葚熟了，他就爬上树，坐在树上吃。“以前也没什么可吃的，出去就把桑葚当零食一直吃，大人不让吃多了，吃多了拉肚子，就偷偷吃，但是这东西一吃脸上手上衣服上全是，藏不住。”

我偶尔带着小耳朵去桑树底下摘两个尝尝，还没完全熟透没什么味道，后来好久都忘了去看。直到有一天姚工骑着车带我出去转悠，这边看看那边看看，发现路边上全是桑树果子，黑红色，个个饱满。姚工停下车就去摘着吃，洗都不洗。

“万一树上打过药呢？而且又是别人家的树，别乱摘。”

“一看就是城里来的吧，乡下谁有那个闲工夫闲钱给野桑树打药水？都是任凭它们自生自灭。桑树果子块块是，随便吃，没人会说的。”

那还等什么？赶紧冲。摘了一大把往嘴里一塞，好甜！当妈妈后吃到什么好东西，第一反应都是：“赶紧赶紧摘一点，带回去给小耳朵吃。”

我捧着一小把桑葚回来，洗干净送给小耳朵吃，他没吃过这东西，从我手掌心里拿了第一颗先塞进我嘴巴里，这是他的日常，没吃过的东西一定要别人在他面前先吃，可能是要看看有没有毒吧，人类幼崽天生的生存本能。看我吃了一颗，还活蹦乱跳的，好像没毒嘛，小耳朵又从我手里拿第二颗塞进了自己的嘴巴里。

自此一发不可收拾。

手掌里剩下的全被他塞进了肚子，吃得到处是紫色的汁，吃完了拼命跳脚："还要，还要！"我一时心软，又牵着他去院子旁的桑树下摘了一把。从那之后，小耳朵每天都坐在桑树底下，怎么喊都喊不回来，指着树上的桑树果子，对每个经过的大人大喊："拿！拿！豆豆！（小耳朵把一切小的水果叫豆豆，大的叫桃桃）"

等到自家的桑树果子吃得七七八八了，有一天我们去李老太爷家看小猫时发现他家旁边好几棵桑树，满枝满丫的桑树果子，地上还掉了一地。"豆豆！"小耳朵自此又开始守在这片桑树下。

这次回家有一天傍晚我抱着他又经过这片桑树底下，小耳朵小手一指："豆豆，没有啦。"嚯，没想到人类幼崽的记忆可以这么长。

除了桑树，夏舍还有许许多多的桃树和梨树，春天的时候处处是粉红色的桃花、雪白的梨花。油桃、水蜜桃、黄桃、黄梨，小耳朵的华生大爹爹家门口还种着一棵苹果树。二奶奶家的油桃早就结出来了，我和姚工每天都带着小耳朵去看，又大了一点哈又大了一点，天天盼着什么时候能吃上桃子。

结果等我们再回来，油桃影儿都没了。"早吃掉了，不吃全都被雀子吃掉了。"今年雨水多，水蜜桃也不甜，我找来找去，终于在黄桃树上还找着几个，欢天喜地地摘回家。苹果也被雀子吃得差不多了，要不就落在地上被蚂蚁吃了。小娟傍晚拿着篓子摘树上剩下的苹果，小耳朵守在树下，挑了个最大的，青绿的苹果吃起来很是可口。

黄梨倒是长得多，树上数都数不尽，只是还没到吃的时候。“要等到本历八月半才能吃呢，到时候长得碗那么大。”爷爷边说边用手比画。哎，八月半呐，那会儿我们早就回成都了，又吃不上了！

· 62 ·

寂静的村庄

这些垂暮的老人们，用一种古老而传统的方式让夏舍继续在运作。他们和夏舍成了这个时代的一个微小的背景，是这个光鲜亮丽世界的一个隐秘角落。

夏天午后的夏舍，连夹巷里也不能保证凉阴了，贴着稻田刮来的南风，在平原上翻滚，刺热的浪潮包裹着每一栋房屋，每一棵树，每一个人。

姚仁义同志只肯赖在空调房里，拽住非要出门玩的小耳朵：“宝宝，恩们就在尕头玩玩吧，吹吹空调看看电视多舒服呀，外头热呢！人尕都上铺睡午觉了。”

小耳朵盛情难却，留在了屋里。五分钟后相同的情景又开始复演，这次任凭爷爷怎么拉怎么劝都不行，没了命地挣脱，气得哇哇大叫，自己拉开纱门就跑出去了。

人类幼崽真的和我们这些大人不一样，他们的勇气和胆量一向惊人。冬天苏北平原上漫天大雪，北风刮在脸上像刀子一样的天，小耳朵也是没了命地要出门，现在这些热浪于他而言也是不存在的。

在他那只有满心满眼的“外面”，外面的鸡，外面的花草树木，外面的风，外面的烈日都是可爱的，待在室内坐着不动，那无异于酷刑。

姚仁义同志对于孙子的爱只有那么多，出了空调房就算到了终点。自此小耳朵冲进烈日下，他转身回到空调房。“宝宝不要跟恩，恩有甚哩办法呀？”他每次都振振有词。

我戴上帽子正准备跟出去，忽然就听到窗外传来叫卖声：“卖棒冰，汽水还有冰西瓜咧——”走到窗前看见外头是一个中年男人骑着辆三轮摩托，车斗上严严实实地捂着一床厚被子。

那一瞬间，电光石火，我忽然忘了自己身处哪里，似乎顺着时间的甬道溯流而上，回到了八九岁时的夏天午后。

我晃着双腿坐在大门口的门槛上，路上一个人也没有，只有知了声，“知了知了知了”让人昏昏欲睡，忽然有了其他的声音出现，声音越来越大：“冰棒！冰棒！还有汽水！”穿着件泛黄白背心的男人，头戴一顶草帽，骑着二八大杠，车后座上绑着一个白色的泡沫箱子，上面捂着一床厚花被子。

我一跃而起，冲到门外的墙角，操起一双坏塑料凉拖鞋和攒了好些天用吸铁石沿着河边来来回回吸来的一些废铁，和弟弟冲到了男人面前，很明显巷子里的其他小孩也是用这样的速度冲了出来。

我们这些小孩围着车后座，眼巴巴地等着男人把绳子解开，再把被子解开，再把箱子的盖子打开，结果里头还包着一层塑料膜，急得我们头上的汗不断往外冒。

终于一股凉气涌到了脸上，身上的每一根汗毛在那一秒全都舒展开了，箱子里雾气腾腾，里面是各式各样的棒冰，绿豆的、玉米的、红豆的、菠萝味的，还有那些只要一毛钱一根的糖水棒冰。

只要手头宽裕，我每次都要菠萝味的冰棒，怎么都吃不够，黄色长条形的菠萝味棒冰，咬一口又脆又香，含在嘴里等它慢慢化，满口菠萝味，是我童年的甜蜜乐园。

男人收下凉拖，又拿出秤称了称废铁，够换两根棒冰了，我和弟弟这些天的辛勤劳作，到底没白费。

我们各自举着棒冰走回来，各人一双赤脚，我弟弟还一个赤膊，地面烫得我们把十根脚趾紧紧蜷起来，一蹦三跳地往家里冲。棒冰水滴在了手上，赶紧仰起脸吱溜一声嘬进肚。

巷子里其他小孩也纷纷冲进我家，我又举着棒冰坐回了地上，头顶的白色电扇，还是我周岁时买的，早就泛黄了，这会儿我把它拧到了最大档——五档，扇叶子飞快地转，风扇下坐着的奶奶手里还摇着一把蒲扇，搁柜上的黑白电视是所有人的关注点。

棒冰吃完，我们欲犹未尽，只是囊中羞涩，连一毛钱的糖水冰棒也买不了，只能眼巴巴地等着爸爸妈妈赶紧回家，浸在井里的大西瓜只有等傍晚他们回来，奶奶才会让我们吃。有时候换棒冰的男人好几天不来，我们就缠着爸爸妈妈讨钱：“妈妈，就给我们两角钱吧，就两角。”

马路斜对面的合作社里也有棒冰卖，菠萝味的那根要两毛钱，我踮着脚把下巴搁在合作社的玻璃柜上，不知道多少年的褐黄色旧木柜沿，来来回回不知道啃了多少次了，下次来还是要接着啃。

“妈妈，来！”门外小耳朵大叫一声。

这声喊叫，瞬时抵消了漫长的二十年光景，我冲出门跟上小耳朵，卖棒冰的男人一骑绝尘早就消失在巷口了。

这会儿夏舍巷子里没有一个人，家家门户紧闭，大叶子杨上的蝉起起伏伏不停歇地叫，远处水田里，有零零星星几个赶着糊化肥和补秧的老人。

疫情肆虐才让我们偶然地停在了夏舍，这一待竟是小半年。

这半年我们东游西走，夏舍、赵舍、于个墩子、烽火、高个庄、马沿、东夏、黄芦沟……东南西北的村子都游荡了一遍，遇上的总是一个个老人，一栋栋紧闭的房屋，每个村庄都是如此的寂静，连鸟飞来也要飞走。

夏天将尽，我们也该走了。

70 岁的姚仁义同志一边喝酒，一边拍着胸脯向我们保证，就算我们一家三口不回城里，就在夏舍他也养得起我们。

“恩尕还有几亩田呢，恩还养不活你们三口子呀。”

奶奶比姚仁义同志诚实多了：“种田苦不到钱呢，恩们种一年田也苦不到你们在城里随便的花销，想靠种田养活你们三口子，种一百亩都不行，最起码要一千亩田。”一千亩田？我眼睛瞪得都快比手里的碗口大了，不至于吧，奶奶索性放下饭坐在夹巷里跟我算了起来。

一亩田，麦子的收成最多一千斤，稻子好一些，可能有个一千一二百斤，粮食卖不出个价。今年的麦子算是丰收，亩亩田都收了千把斤，一斤卖出个一块五，还要刨去肥料、药水这些钱，怕有个二三百，这样算下来一亩田能苦个千八百块一年。

奶奶摇了摇头，接着给我算。

自从他们那代分田后，政府已经不给分田了。当年姚工读大学，鼓励把户口迁到大学去，大家都想着个城里户口精贵，个个往外迁，谁人知道大学一毕业就没了，更没想到的是再也迁不回来了。

姚仁义同志在夏舍不是成天说自己牛嘛，个个干部都是他的小弟，当年左疏通右托人的，硬是没能把姚工的户口迁回来。“户口不在，就说不是恩的继承人了，田不给分也就算了，等恩们撂掉了说是这个田还要还给公家。以后你们甚哩都没有，恩们这个房子过几年怕是也要拆了。”说白了就是家里没田了。

在夏舍租一亩田租金一年就九百块，那还种个甚哩田？还不如租给别人算了？一年到头脸朝黄土背朝天种田还苦不到个租金呢。

“恩们是租出去几亩田了，剩下的这几亩没人要。”奶奶说外头来种田有补贴呢，“一亩田补贴一百块一年。”我又开始在心里打算盘了，似乎自己真的马上要当个农妇准备种田。租金九百块，收成算它一千二百块，刨去肥料药水两百块，还能赚一百块，再加上补贴，一亩租来的田种一年下来苦个二百块。

这可不是得种个上千亩才能行嘛。

那天奶奶听我随口说起，朋友家的孩子在城里上幼儿园一年的学费。奶奶听了，早上问一遍：“甚哩学校这么贵？”中午又问一遍：“甚哩学校这么贵？”晚上还要再问一遍：“到底是个甚哩学校这么贵？”

可不贵嘛，在奶奶的换算里，这得种上多少亩田才能上得起个幼儿班呐。

留在家里当农民种田的希望是彻底破灭了，姚仁义同志差点骗住我这个甚哩都不懂的青年人。

既然留不住，那就得说再见了。

下晚，我们拉着坐在扭扭车上的小耳朵在路上散步，田里十几二十个补秧的老人都停了下来，手里举着把秧笑眯眯地看着小耳朵。“宝宝，下来种田插秧噢！”不晓得是哪个老人说了一嘴，立马遭到众人的反对：“说个甚哩呢，恩们姚大哥才不种个甚哩田呢，恩们宝宝以后当状元当将军。”

小耳朵咧着嘴笑："老太太老太爷，干活啰——"

"宝宝，你上城里了，想我们呀？还会记得老尕呀？想尕就回来玩玩吧。"

"宝宝走了，恩们就冷清了——"

小耳朵对即将来临的告别无知无觉，心里只惦记着往前走继续去玩，急着挥手说再见："老太爷老太太拜拜——"

老人们低下头继续插秧，水田里的黑泥裹住他们的小腿，从北边插秧到南边，再从南边插秧回北边。

这些垂暮的老人们，用一种古老而传统的方式让夏舍继续在运作。他们和夏舍成了这个时代的一个微小的背景，是这个光鲜亮丽世界的一个隐秘角落。

·后记·

这些
平凡又普通的故事

在恰当的时候做该做的事，就是乡下生活的本质。

一

伯华二爷家的老太太死了。

就在我们离开夏舍的第二天晚上，沤死在了河槽里。

一整个晚上她就那么孤零零地漂在河槽上。第二天早上伯华二爷左等右等，始终没等来他那个痴子妈从铺上起来吃早饭，进房里一喊铺上连个人影都没有。肯定是又犯痴了，早饭都不吃就外出乱逛，他决心出去把他那个痴子妈找回来。伯华二爷穿过院子，走过华山大爷的黑麦地，走过平时夏舍人围在一起乘凉的小桥，北边水田里的稻子长得好着呢，他左边看看右边望望，想看看稻田里的水够不够，想着等会儿是不是要出来打缺子。

他探着身子伸长了脖子，忽然就望见了漂浮在水田旁河槽里的那个人。

这个人不是旁人，就是他那个92岁，老得都痴了的妈。

知道这个消息时，我站在原地反复回想，我们离开夏舍时到底有没有和老太太说再见。

没有，真的没有。

晚上我给小耳朵奶奶打电话问她具体怎么回事。

“她太老了，死了就死了吧。”

乡下人对死亡有着近乎冷酷的淡漠，他们似乎不愿意在死上面多费半点感情。

老太太前阵子死活不肯剪头发，闹着要上街去剪。好容易女儿从城里回来，左劝右哄的才肯让女儿洗个头剪个头发。隔天她就顶着头整整齐齐稀稀疏疏的头发在巷子里走来走去。

她走到了小娟家屋后，那下院子里头坐着好几个村子里的女人，也不晓得是谁聊起了村子里那些早逝的人，老太太一出现，大家似乎有一肚子惆怅，指着远处的老太：“让妈妈的，你看看这些不该死的都死了，这些老不死的一直在眼前。”

现在老不死的终于孤零零地躺在河槽里，她“终于”死了。

二

很多人问我，夏舍这个名字是你取的吧？这么好听。

不是的，那个静静矗立在苏北平原上的小庄子，它叫夏舍已经很多年了。

有时候夏舍的人坐到一块，听说外头的人说“夏舍”这个名字好听时，都笑得拍腿：“夏舍还好听，城里人都在想个甚哩哟。”

你问我觉不觉得这个名字好听?

我这个外地媳妇儿和你们一样觉得真好听，就像霍比特人的夏尔，这个名字自带魔法。

不仅仅是这个名字，我笔下那些夏舍的人夏舍的事，在当地人看来都是“这有多大个交易”。可是我在夏舍的日子，每天都兴致勃勃地看着这些没甚哩交易的人和事。

年初我刚去夏舍时，那个时候我状态并不好，工作的繁忙、带孩子的疲惫、城市生活的各种压力和焦虑统统裹挟着我。我的心是干巴巴的，脑子里净是一个又一个处理不完的待办事项，我坐在电脑前什么都写不出来，就像一盏洋油灯，灯芯烧到了尾巴，油也快耗干了。

我就是带着这样的状态走进了夏舍。

起初我对这个苏北平原上的村子谈不上一星半点的感情，那些动不动就把脑袋探进房间张望的乡里乡亲一度令我非常头疼。加之年初疫情的发生，点开朋友圈和微博，似乎全世界没一个人有好心情。我也坐立难安，整宿整宿地睡不着，就像创伤后应激障碍一样，伤心恐慌愤怒无缘无故地哭起来。

可是我的婆婆、屋前的小娟、东边西边的老太、独居的太爷，他们日出而作日落而息，一日三餐餐餐不落下，他们一辈子都是这样，这个冬天仍旧是这样。当我关上手机走出房门，那些站在屋外院子里抱着手拉呱闲谈的乡亲们，始终兴高采烈。

我为此还生过气，认定自己是到了另外一个鲁镇。

我就这么糟糕地在夏舍过了一天两天三天四天……直到大雪落了下来。我没见过平原上的大雪，雪停后的清晨，平原上一片寂静，朝阳从树杈和屋檐之间一点点升起来，成群的鸟从雪地滑翔冲向云霄，又从云端像羽毛一样飘落下来，雪地和天际相交的地方，这些鸟不断地交织往来，叫声清脆。

我牵着小耳朵的手站在雪里，似乎有那么一刻好像听到了一种声音，我仔细辨认四下张望，才发现原来是我和小耳朵的呼吸声。

村子里的红灯笼终于让我有了过年的喜悦，村里的农妇们裹着鲜红翠绿的头巾，站在自家门前铲雪，男人们戴着顶大帽子拢着手互相打招呼。

“有什么比眼下我正在过的日子更真实呢？”

自那场雪后，我好似忽然心里有了一汪水。又有一天下午冬日暖阳照在身上，我们种下去的桃树居然开了一朵小小的花。当时有种很强烈的渴望，驱使我跑进房里端出电脑，写起了夏舍的故事。

我当然没想到会写这么多，原本只是心血来潮随手记一两篇，后来写着写着，发现因为写作，我和夏舍竟然拥有了一种非常奇妙的关系，我的眼睛、鼻子、耳朵以及身上的每一个毛细孔都在夏舍努力张开。

那些之前让我头疼的乡亲、不适应的生活环境、疫情带来的恐慌，统统因着我对夏舍兴致勃勃的观察，慢慢烟消云散，我心里的那汪春水越来越温润。

三

很多时间里我都怀疑自己的写作能力。我发现点开任何一个公众号，看到的文章都是观点都是评论都是辩论，里面有大量的信息，看完总让人觉得自己似乎又学到了点什么，比看之前又多了一些长进。

可我的文章，来来回回读一百遍也没有这些，那种有气魄、雄辩、华丽的评论性文章我一个字都写不出来，心里来来去去挂念的始终都是很小的事。

今天在公园看见了两个老太爷，一个人坐在轮椅上，一个坐在长椅上，抱着头大声唱歌真有意思。昨天戏剧课上，学生表演的老太太抢公交车座位太逗了。

就是这些琐琐碎碎的小事，这些普普通通的人，总是让我充满了记录的热情。

就像我热情洋溢地带着学生排桑顿·怀尔德的《我们的小镇》一样，一个普普通通的镇子，里面的人物全部都是平凡人，可我就是爱极了里面那些每天做一日三餐，做了几十年却从未精神崩溃过的家庭主妇，她们坐在一起谈的那些日常琐碎，怎么就那么吸引我呢。

在夏舍，我就好像进入了桑顿·怀尔德笔下的格洛弗角镇。这里的每件事每个人都让我着迷，我像一台摄影机似的穿梭在村子里，对准每个人每件事，力图原原本本把这些全部录下来。

这几个月在夏舍，我们的计时方式变成了二十四节气，从立冬到春分、惊蛰、谷雨、清明、立夏……每一个节气都对应着夏舍的生活安排，在恰当的时候做该做的事，就是乡下生活的本质。这几个月我写了很多夏舍普通人很细小的事，好似在用文字拍一部纪录片，顺着这些时节，每发生点什么让我兴致盎然的事，我便提笔记下来。

现在回过头来再读这些文字，发现我也像个农民一样，随着二十四节气记录，春种秋收，耕耘播种，这些文字它们自己就形成了一卷时间之书。这些文字里有事也有人，和世界任何一个角落一样，夏舍的每个人和每个家庭都有他的欢喜和忧愁，地上年月短暂，他们步履不停勤勤恳恳地活着，我尽量忠诚地记录我所见的一切。在这场刻骨铭心的疫情之下，有许多优秀的写作者记录着这个时代这个时期的宏大横截面，而我只是写了一个很小的地方，一些很普通的人。这似乎并不是我主动的选择，而是命运把我推到了这里：“喏，这有个小村庄，你去吧，你写吧。”

我很喜欢读史书，但是当我在读史书时，我总是更着迷于书中作者无意间提到的那些普通人，总想沿着他们的步履去看看那个时代的图景。

我总是幻想也许等小耳朵长大后，他忽然对这场疫情有了兴趣，于是他找来很多资料书籍开始阅读，读着读着不停地扼腕叹息。然后某个时刻，他无意间翻开了妈妈记录的这些故事，发现疫情之下竟然还有这样的小村庄，村庄里的人还在每分每秒地生活。他沿着这些普通人的步履，又看到了这个时代的一点点因为日常因为平凡而莫名生出的生机，因此他长舒了一口气。

在写这些时，我始终提醒自己要保持克制，只用故事说话，因为我相信故事自有力量，尤其是真诚的故事。

多余的抒情和评价只会让这些故事变得让人难为情。

当然，即便如此，这些故事有时候仍旧让我有些不好意思，因为它们太真实，一点遮掩都没有。好多人写文章可以藏在本章背后，可是我却始终只能站在文字中间，我把自己的感情、经历、身边的人和事和盘托出，用一种近乎笨拙的真诚，这真诚有时候让我感觉自己比任何人都脆弱。

写这些故事时，我也无数次问自己这其中的意义到底是什么？从实用功利的角度而言，这些故事没什么阅读量，并没有给我带来什么公众号粉丝，更勿谈收益。从文学性而言，这些故事是如此的小，也许并不具备什么社会性价值，更何况我写得并不高明。

直到老太太的死凭空而至，我对意义的追问也随之烟消云散。

这个世界上还有谁会写一写这个 90 多岁的老太太呢？她如此平凡和普通，她一生去过的最远的地方可能就是镇上、县里，了不起也就是市里。她一辈子待在夏舍，种田种地生儿育女，没什么惊心动魄的故事，就是一个苏北平原上的农妇。

丈夫死了、大儿子也死了，但她活着。一直活到整个人变成了痴子，一脚踏下河槽才算终于了结了这一生。

夏舍的每个老人基本都度过了这样的一生，他们一天比一天老，这个庄子一天比一天衰败，没有年轻人会回来。夏舍正在和这些老人一起，一天比一天更接近死亡。

我唯有老老实实将这些记录下来，才能安心。

四

最近我每次给小耳朵读绘本，最后他总要说上一句："好了妈妈，故事讲完了。"

故事确实就要讲完了，从2020年4月6号开始写第一篇，到现在夏舍的故事竟然断断续续写了半年。

我想以后小耳朵也许会问我："妈妈，疫情发生的那一年你在干什么？"

那我就回答他："那一年，我陪你在夏舍东游西逛，从冬天走到春天，又从春天走到盛夏，一边走走逛逛，一边写些平凡又普通的故事。"

这半年因着这些故事，我真正走进了一个村庄；也因着这些故事，更深地了解了我的丈夫；更因为这些故事，我的孩子度过了一段难得的乡村童年；当然也因着这些故事，得到了好些陌生人的鼓励和祝福。

那么故事，暂时就讲完了。

图书在版编目（CIP）数据

在村庄 / 吴莹著. -- 北京：北京联合出版公司，2021.9
ISBN 978-7-5596-5461-8

Ⅰ. ①在… Ⅱ. ①吴… Ⅲ. ①散文集 - 中国 - 当代 Ⅳ. ①I267

中国版本图书馆CIP数据核字(2021)第145969号

本书中文简体版由北京行距文化传媒有限公司授权北京时代华语国际传媒股份有限公司在中国大陆地区（不包括香港、澳门、台湾）独家出版、发行。

在村庄

作　　者：吴　莹
出 品 人：赵红仕
责任编辑：孙志文
封面设计：吉冈雄太郎

北京联合出版公司出版
（北京市西城区德外大街 83 号楼 9 层　100088）
北京时代华语国际传媒股份有限公司发行
北京中科印刷有限公司印刷　新华书店经销
字数200千字　880毫米 × 1230毫米　1/32　10印张
2021年9月第1版　2021年9月第1次印刷
ISBN 978-7-5596-5461-8
定价：45.00元